职业教育课程体系创新规划教材

决胜职业生涯系列读本

择业宝典

第2版

主　编　陈伟娜　何秀兰

参　编　黎杏玲　陈永梅

机械工业出版社

本书共计三个专题的学习内容，包括认识自我，发展自我（培养职业兴趣、分析职业能力）；认识专业，热爱专业（立足我的专业、转变学习方式）；认识职业，选择职业（探究职业内涵、了解专业影响、认知个人因素）；最后，通过“实训工场，走进职业”感悟所学知识。

本书结合学生特点，采用项目式教学法，以任务驱动指引学生灵活应对各种问题，帮助学生正确地认识自己，客观地认识职业，有针对性地发展自我，为以后的就业做准备。

本书可作为职业院校就业与创业指导课程教材，也可供班主任开展班级教学之用，还可供学生自学使用。

图书在版编目（CIP）数据

择业宝典/陈伟娜，何秀兰主编．—2版．—北京：机械工业出版社，2018.3

职业教育课程体系创新规划教材．决胜职业生涯系列读本

ISBN 978-7-111-60049-7

Ⅰ．①择…　Ⅱ．①陈…　②何…　Ⅲ．①职业选择－职业教育－教材　Ⅳ．①G717.38

中国版本图书馆CIP数据核字（2018）第111977号

机械工业出版社（北京市百万庄大街22号　邮政编码100037）
策划编辑：宋　华　责任编辑：宋　华　王　慧　徐永杰
责任校对：王　欣　封面设计：马精明
责任印制：张　博
北京东方宝隆印刷有限公司印刷
2018年8月第2版第1次印刷
184mm×260mm·7印张·115千字
0001—1900册
标准书号：ISBN 978-7-111-60049-7
定价：32.00元

凡购本书，如有缺页、倒页、脱页，由本社发行部调换

电话服务	网络服务
服务咨询热线：010-88379833	机 工 官 网：www.cmpbook.com
读者购书热线：010-88379649	机 工 官 博：weibo.com/cmp1952
	教育服务网：www.cmpedu.com
封面无防伪标均为盗版	金 书 网：www.golden-book.com

前　言

新生入学，告别中学时熟悉的校园、老师和同学，容易彷徨无助。来到新的学习环境，接触陌生的人与事，总会无所适从。各种变化容易使学生产生自卑、叛逆等不良心态，在转型期如果教师不加以适当引导，学生的学习态度很难端正，甚至会自暴自弃，故在新生入学的第一学年设置了择业宝典的教学内容，帮助学生正确地认识自己，客观地认识职业，选择合适的学习方式，有针对性地发展自我，为以后的就业做准备。

本书结合现实需要，根据学生实际，有针对性地选择层层递进的教学内容和方法，为学生量身定制，具有逻辑性，教学方法多样，教学内容丰富，教学环境契合，考核方式独特，并采用项目式教学法，以任务驱动为引导，指引学生灵活应对各种问题。本书首先通过科学测评方法，帮助学生客观、科学地认识自我，了解个人职业兴趣和职业能力；然后通过参观企业、聘请企业负责人来校授课，帮助学生更直观地认识专业和职业，激发学生对专业的热情；最后指导学生在客观了解自己和认识职业的情况下，通过亲身调查与专业相关的职业，以手抄报的形式展现调查成果和个人收获，为后面的学习奠定基础。

陈伟娜、何秀兰任本书主编，参加本书编写的还有黎杏玲、陈永梅。此外，在本书编写过程中，编者得到了相关领导、老师的大力支持和指导，在此表示感谢。本书在编写过程中还参阅了一些资料，在此对相关作者表示感谢。

因编者水平有限，内容如有不妥之处，恳请读者提出宝贵意见与建议。

编　著

目　录

破 冰 活 动

“我的五样”

过去

序　　号	我喜欢做的事情	我擅长做的事情	我 的 理 想
1			
2			
3			
4			
5			

现在

序　　号	我喜欢做的事情	我擅长做的事情	我 的 理 想
1			
2			
3			
4			
5			

未来

序　　号	我喜欢做的事情	我擅长做的事情	我 的 理 想
1			
2			
3			
4			
5			

说明：1. 教师分享毕淑敏的“我的五样”。

2. 引导学生思考“我的五样”，并填写表格。教师可以引导学生填写词语，也可以给出例句让学生仿写，如：

我喜欢做的事情	我擅长做的事情	我的理想
听音乐	唱歌	歌手
音乐，记下了我心中的倔强的伤和微微的笑	唱歌，扬起了我自信的风帆	成为一名歌手，是我的梦想

3. 学生可根据自己的实际情况填写“我喜欢做的事情、我擅长做的事情、我的理想”，不一定要一一对应。

专题一

认识自我　发展自我

“认识你自己！”这是镌刻在古希腊宗教中心德尔菲神庙墙上的一句箴言。

孙子兵法言“知己知彼，百战不殆”。

“知己”虽不易，但“知己”是基础，

只有客观认识自己，才能有效发展自我。

项目一 培养职业兴趣

一、任务布置 二、… 三、… 四、… 五、…

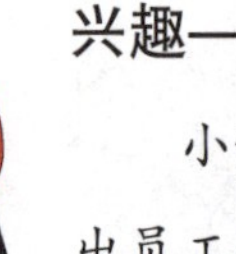

情景展示

兴趣——成长的阶梯

小谢毕业于汽车维修专业，现任职某汽车修理厂，多次获得杰出员工的称号。

修车容易，但把车修好并不容易。把车修好的前提是对车要感兴趣，有兴趣才能有钻研精神，才能热爱这个行业。小谢深深地热爱修车这个职业，为了能掌握修车本领，他不怕吃苦，不怕受累，有时为了修好一部车的变速器或发动机，反复拆下装上几次、十几次，费时费力，他不计较工时得失，更不怕麻烦，他的宗旨就是一条，哪怕一分钱不挣，也要把问题查清楚、搞明白，不达目的决不罢休。

被问到是什么原因使他选择汽车修理行业并一直坚持下来，小谢的回答十分简单："兴趣——成长的阶梯，助我通向成功。"小谢谈及个人成长经历时总结道："兴趣是个起源点，只有爱一行，才能干好一行。干什么都在于兴趣，如果没有兴趣，什么也干不好。当然，职业生涯未必一帆风顺，不可能每样工作都是自己感兴趣的，因此，我的心得是'做己所爱，爱己所做'"。

有句台词说得好"不入园林，怎知春色如许"。小谢对自己所喜欢的修车职业认知越全面、越深刻，他的职业兴趣就越浓厚，在修车行业这个广阔的园林里，他愿为姹紫嫣红的春天奉献青春年华。

案例分析：

小谢在谈及个人成长经历时提到“只有爱一行，才能干好一行”，兴趣是最强的动力，一个人从事自己感兴趣的事情就会全身心地投入，钻研拼搏。但我们从小谢的身上看到的更可贵的品质是“做己所爱，爱己所做”的积极心态，这是当我们的职业兴趣与现实工作有所偏离时应该抱有的积极心态。职业兴趣是可以培养的，把工作当乐趣看，那么我们天天都有乐趣。

同学们，要想适应21世纪社会经济、政治发展的要求，选择理想的职业，并能使自己在未来的职业岗位上有所建树，就必须从学生时代起注意培养自己良好的职业兴趣。

你了解自己的职业兴趣吗？要如何培养呢？

知识目标：
1. 掌握职业兴趣的概念类型。
2. 正确认识自己，了解自己的职业兴趣。
3. 学会培养良好的职业兴趣，做好职业选择的准备。

任务一 任务描述

任务实施

按照既定的分组，各小组成员分工协作，根据自己的理解分别用关键词、图画的方法概括职业兴趣的概念，完成任务书Ⅰ。

《职业兴趣的概念》任务书Ⅰ

班别______ 组别______ 完成时间______

任　务	任务要求	组员姓名	任务分工	得分
演示职业兴趣概念	以图文的方式展示职业兴趣的概念	组长：	统筹全组工作	
		演讲能手：	代表小组发言	
		情报专家：	负责使用手机在网上收集资料	
		监督专员：	监督并协助情报专家收集资料	
		书记员：	文字记录及资料整理	
职业兴趣的概念（用关键词表述）				
职业兴趣的概念（用图画表示）				
师生总结				

任务二

任务描述

恭喜你！你获得了一次免费度假的计划，有机会去下列六个岛屿中的一个，唯一的要求是你必须要在这个岛上待满至少三个月的时间。请凭自己的兴趣按一、二、三的顺序挑出你最想前往的三个岛屿。选择的岛屿如下图所示。

我的岛屿计划

R岛：自然原始的岛屿，岛上保留有热带的原始植物林，自然生态保护得很好，也有相当规模的动物园、植物园、水族馆。岛上居民以手工见长，自己种植花果蔬菜、修理房屋、打造器物，制作各种工具。

I岛：深思冥想的岛屿，岛上人迹较少，建筑物多偏处一隅，平川绿野，适合夜观星象。岛上有多处天文馆、科博馆，以及科学图书馆等。岛上居民喜好沉思、追求真知，喜欢和来自各地的科学家、哲学家、心理学家等交换心得。

A岛：美丽浪漫的岛屿，岛上充满了美术馆、音乐厅，弥漫着浓厚的艺术文化气息。同时，当地的原住民还保留了传统的舞蹈、音乐与绘画，许多艺术和文艺界的朋友都喜欢在这里找寻灵感。

S岛：温暖友善的岛屿，岛上居民个性温和、十分友善、乐于助人，社区均自成一个密切互动的服务网络，人们互助合作，重视教育，充满人文气息。

E岛：显赫富足的岛屿，岛上居民热情豪爽，善于经营和贸易。岛上的经济高度发展，处处是高级饭店、俱乐部、高尔夫球场。来往者多是企业家、经理人、政治家、律师等，衣香鬓影，夜夜笙歌。

C岛：现代井然的岛屿，岛上建筑十分现代化，是进步的都市形态，以完善的户政管理、地政管理、金融管理见长。岛民个性冷静保守，处事有条不紊，善于遵守规则。

任务实施

搜索资料说明不同岛屿所对应的职业兴趣类型、特点及适合从事的职业，完成任务书Ⅱ。

《职业兴趣的类型》任务书Ⅱ

<table>
<tr><th>任　务</th><th>任务要求</th><th>组员姓名</th><th>任务分工</th><th>得　分</th></tr>
<tr><td rowspan="5">选出最想去的岛屿，找出不同岛屿对应的职业兴趣类型、特点及适合从事的职业</td><td rowspan="5">1. 认真选择最想去的岛屿并排序
2. 找出不同岛屿所对应的职业兴趣类型、特点
3. 举例说明不同职业兴趣类型适合从事的职业</td><td>组长：</td><td>统筹全组工作</td><td rowspan="5"></td></tr>
<tr><td>演讲能手：</td><td>代表小组发言</td></tr>
<tr><td>情报专家：</td><td>负责使用手机在网上收集资料</td></tr>
<tr><td>监督专员：</td><td>监督并协助情报专家收集资料</td></tr>
<tr><td>书记员：</td><td>文字记录及资料整理</td></tr>
</table>

<table>
<tr><th>岛屿名称</th><th>职业兴趣类型</th><th>各职业兴趣类型的特点</th><th>举例说明不同职业兴趣类型适合从事的职业</th></tr>
<tr><td>R 岛</td><td></td><td></td><td></td></tr>
<tr><td>I 岛</td><td></td><td></td><td></td></tr>
<tr><td>S 岛</td><td></td><td></td><td></td></tr>
<tr><td>A 岛</td><td></td><td></td><td></td></tr>
<tr><td>E 岛</td><td></td><td></td><td></td></tr>
<tr><td>C 岛</td><td></td><td></td><td></td></tr>
<tr><td>师生总结</td><td colspan="3"></td></tr>
</table>

任务三 任务描述

任务实施

结合任务一和任务二，根据你所选择的岛屿类型归纳出个人的职业兴趣倾向类型，并思考以下问题，完成任务书Ⅲ。

《培养职业兴趣》任务书Ⅲ

1. 自己的职业兴趣测试倾向如何？有什么想法？

____

2. 现实生活中是否人人都能根据自己的兴趣选择职业？

____

3. 人的职业兴趣是否固定不变？能否培养发展？

____

任务四 任务描述

任务实施

一起来了解培养职业兴趣的途径和方法有哪些，完成任务书Ⅳ。

《培养职业兴趣》任务书Ⅳ

班别________ 组别________ 完成时间________

任务	任务分解	任务实施	故事

任务：如何培养职业兴趣

方法一

填写下表：列出假期或课余时间有兴趣做的事情

兴趣	兴趣一	兴趣二	兴趣三	兴趣四
内容				

思考并分享：

- 你的兴趣多吗？________________________
- 你从这些感兴趣的活动中获得了什么？

____

- “牛顿的兴趣”给我们的启示是什么？

____

____

____

故事一

牛顿的兴趣

兴趣的广度是一个人成才的重要因素。兴趣广博可以使人增加知识、开阔眼界、开拓思维和想象能力。牛顿爱好创作诗歌，同时也喜欢探索数学运算。诗是感性的代表，数学则是理性的代表，两者是对立的两端，牛顿能够从这一端喜欢到对立的另一端，足见其兴趣有多么广泛。根据他研究的领域和所做出的成就，人们可以说他是位数学家，也是位诗人，是位物理学家，也是位哲学家和天文学家。

方法二

- 请同学从以上填写的表中找出最感兴趣的一项：__________

____

- 对于各个兴趣，你是怎样分配你的业余时间的？

____

- 阅读《找水》，议一议：小伙子怎样才能找到水呢？

____

- 从中得到什么启发？

____

____

____

故事二

找水

一个小伙子为了找水而在地面上挖井。他在一个地方挖了一口井，快要见水时，他却以为这里没有水，换个地方又挖，如此反复，他在地面上挖了深浅不一的许多口井，可是每一口都不够找到水的深度，尽管有的只差一点点。小伙子怎样才能找到水呢？正如我们兴趣多了该怎么办呢？

人的精力是有限的，如果他把精力集中于一个地方，持之以恒地挖下去，一定能够找到水。

（续）

<table>
<tr><th>任务</th><th>任务分解</th><th>任务实施</th><th>故　事</th></tr>
<tr><td rowspan="2">如何培养职业兴趣</td><td colspan="2">方法三

说一说：在你的印象中，你的各种兴趣分别保持了多长时间？至今保持的有哪些？
<table>
<tr><td>兴趣</td><td></td><td></td><td></td><td></td></tr>
<tr><td>维持时间</td><td></td><td></td><td></td><td></td></tr>
<tr><td>至今仍保持（打“√”）</td><td></td><td></td><td></td><td></td></tr>
</table>
阅读《航空始祖——莱特兄弟》，你得到了什么启发？
____
____
______________________</td><td>故事三
航空始祖——莱特兄弟
人如何才能像鸟儿一样在天空中自由飞翔？为了实现人类的这一梦想，莱特兄弟倾注了毕生心力，试验了三千余次，锲而不舍，孜孜不倦，终于完成首次成功动力飞行，成为现代航空科学的先驱。假如他们在研制的过程中志趣发生转移，或者是被遇到的困难吓倒，他们也就不会成为世界上第一架飞机的制造者。</td></tr>
<tr><td colspan="2">方法四

阅读古希腊寓言：《一头驴的故事》，你得到了什么启发？
____
____
______________________</td><td>故事四
一头驴的故事
一头驴听到蝉唱歌的声音很好听，头脑发热，就要向蝉学习发音的方法。蝉告诉驴：“你首先必须像我一样，每天以露水充饥。”那昏了头脑的驴便照着蝉的话去做了，非但没有练就动听的歌喉，反而饿得头昏眼花，最终倒下永远也起不来了。
歌德有句话：你适合站在哪里，你就站在哪里。事实告诉我们——个人与职业匹配既能够充分发挥人的积极性、创造性，使人们在职业活动中体验快乐，又能够充分提高职业活动的效益。职业兴趣是可以在学习和实践中培养和提高的，让我们从现在做起、从小事做起吧！</td></tr>
</table>

知识点一：职业兴趣的含义与作用

含义：职业兴趣指一个人在探究某种职业活动或者从事某种职业活动中所表现出来的特殊个性倾向，它使个人对某种职业给予优先的注意，并具有向往的情感。

作用：

1. 影响职业选择

兴趣是人们从事职业活动的强有力的动力之一，它能指引人的择业行为，是影响求职择业的重要因素之一。

2. 促进智力开发

一个人一旦对某一工作或某一活动产生兴趣，这一兴趣符合其心理内在的需要，就会激起他对做好该工作或活动的求知欲望和探索热情，促使他上下求索、广收博采，不断地积累和丰富与这一工作或活动有关的知识和经验，主动地、积极地去工作，并创造性地完成任务。

3. 提高工作效率

兴趣可以调动人身心的全部精力，以敏锐的观察力、高度集中的注意力、深刻的思维能力和丰富的想象力投入工作，从而有助于工作效率的提高。

4. 增强职业适应

每一类职业除了对从业者的知识、技能、素质等具有特定的要求外，对从业者的兴趣也有不同的要求。因此，应该在学习和生活中培养自己多方面的兴趣，满足不同职业的要求，应付多变的环境，适应变化的工作。

5. 帮助人成才

兴趣是最好的老师，是每个人人生道路上重要的引导者，它可以引导我们克服困难，披荆斩棘，走向成功。

知识点二：职业兴趣的类型

美国著名职业指导师霍兰德将职业兴趣分为六种类型：现实型、研究型、艺术型、社会型、企业型、常规型。

各个兴趣类型的特点及较为适宜的职业环境如下。

1. 现实型

1）愿意使用工具从事操作性工作。

2）动手能力强，做事手脚灵活，动作协调。

3）不善言辞，不善交际。

现实型主要是指各类工程技术工作、农业工作，通常需要一定体力，需要运用工具或操作机器。

现实型主要职业包括：工程师、技术员；机械操作工、维修工、安装工人，矿工、木工、电工、鞋匠等；驾驶员、测绘员、描图员；农民、牧民、渔民等。

2. 研究型

1）抽象思维能力强，求知欲强，肯动脑，善思考，不愿动手。

2）喜欢独立的和富有创造性的工作。

3）知识渊博，有学识有才能，不善于领导他人。

研究型主要是指科学研究和科学实验工作。

研究型主要职业包括：自然科学和社会科学方面的研究人员、专家；化学、冶金、电子、无线电、电视、飞机等方面的工程师、技术人员；飞机驾驶员、计算机操作员等。

3. 艺术型

1）喜欢以各种艺术形式的创作来表现自己的才能，实现自身的价值。

2）具有特殊艺术才能和个性。

3）乐于创造新颖的、与众不同的艺术成果，渴望表现自己的个性。

艺术型主要是指各类艺术创作工作。

艺术型主要职业包括：音乐、舞蹈、戏剧等方面的演员、艺术家、编导、教师；文学、艺术方面的评论员；广播节目的主持人、编辑、作者；绘画、书法、摄影家；艺术、家具、珠宝、房屋装饰等行业的设计师等。

4. 社会型

1）喜欢从事为他人服务和教育他人的工作。

2）喜欢参与解决人们共同关心的社会问题，渴望发挥自己的社会作用。

3）比较看重社会义务和社会道德。

社会型主要是指各种直接为他人服务的工作，如医疗服务、教育服务、生活服务等。

社会型主要职业包括：教师、保育员、行政人员；医护人员；衣食住行服务行业的经理、管理人员和服务人员；福利人员等。

5. 企业型

1）精力充沛、自信、善交际，具有领导才能。

2）喜欢竞争，敢冒风险。

3）喜爱权力、地位和物质财富。

企业型主要是指那些组织与影响他人共同完成组织目标的工作。

企业型主要职业包括：经理企业家、政府官员、商人，行业部门和单位的领导者、管理者等。

6. 常规型

1）喜欢按计划办事，习惯接受他人指挥和领导，自己不谋求领导职务。

2）不喜欢冒险和竞争。

3）工作踏实，忠诚可靠，遵守纪律。

常规型主要是指与文件档案、图书资料、统计报表之类相关的各类科室工作。

常规型主要职业包括：会计、出纳、统计人员；打字员；办公室人员；秘书和文书；图书管理员；导游；外贸职员；保管员；邮递员；审计人员；人事职员等。

知识点三：培养职业兴趣的途径和方法

1. 培养广泛的兴趣

广泛的兴趣不仅可以使我们的生活丰富多彩，兴趣的广度还是一个人成才的重要因素。兴趣广泛可以使人增加知识、开阔眼界，开拓思维和想象能力。

2. 形成中心兴趣

人的精力是有限的，如果能把精力集中于一个地方，坚持下去，一定能够有所收获。人的兴趣也是一样，如果对任何事情都感兴趣，四面出击，但没有一个中心兴趣，时间和精力投入不少，最终很可能一事无成。

3. 保持稳定的兴趣

兴趣不稳定或易改变是在学生中较为普遍的现象，站在这座山上觉得那座山高，做事情三分钟热度。稳定的兴趣能使人思维专注、连续、保持长时间，为成功起到了保障作用。蜻蜓点水，虽然忙得不可开交，却永远不会知道江河的深浅。

4. 培养切实的职业兴趣

兴趣的培养不能为追求清高而不考虑其可行性，有些人的职业兴趣脱离客观条件，往往曲高和寡，只能画地为牢，自缚身手。如能结合自己所学的专业、社会的职业需求，把职业兴趣建立在切实可行的基础上，那就容易心想事成，获得成功。

知识点四：影响职业兴趣的因素

职业兴趣是以一定的素质为前提，在职业生涯的实践过程中逐渐发生和发展起来的。它的形成与个人的个性、自身能力、实践活动、客观环境和所处的历史条件有着密切的关系。因此，职业规划对兴趣的探讨不能孤立进行，应当结合个人、家庭、社会等因素来考虑。了解这些因素，有利于深入认识自己，进行合理的职业规划。

1. 个人需要和个性

不管人的兴趣是什么，都是以需要为前提和基础的，人们需要什么就会对什么产生兴趣。由于人们的需要包括生理、物质需要和社会、精神需要，因此人的兴趣也同样表现在这两个方面。人的生理、物质需要一般来说是暂时的，容易满足。例如，人对某一种食物、衣服感兴趣，吃饱了、穿上了也就满足了；而人的社会、精神需要却是持久的、稳定的、不断增长的。例如，人际交往、对文学和艺术的兴趣、对社会生活的参与则是长期的、终生的，并且是不断追求的。兴趣是在需要的基础上产生的，也是在需要的基础上发展的。

有的人兴趣和爱好的品位比较高，有的人兴趣和爱好的品位比较低。兴趣和爱好品位的高低会受一个人的个性特征优劣的影响。例如，一个人个性品质高雅，便会对公益活动感兴趣，乐于助人，对高雅的音乐、美术有兴趣；反之，一个人个性品质低级，便会对占小便宜感兴趣，对低级、庸俗的文艺作品有兴趣。

2. 个人认识和情感

兴趣不足是与个人的认识和情感密切联系的。如果一个人对某项事物没有认识，也就不会产生情感，因而也就不会对它产生兴趣。同样，如果一个人缺乏某种职业知识，或者根本不了解这种职业，那么他就不可能对这种职业感兴趣，也不会对这种职业有任何规划。总之，对某项事务认识越深刻，情感越丰富，兴趣也就越深厚。

例如，有的人对集邮很入迷，认为集邮既有收藏价值，又有观赏价值，它既能丰富知识，又能陶冶情操，而且收藏得越多、越丰富，就越投入，情感越专注，越有兴趣，于是就会发展成为一种爱好，并有可能成就他的职业生涯。

3. 家庭环境

由于家庭作为最基本的社会单元，对每个人的心理发展都产生重要的影响，因此个人职业心理发展具有很强的社会化特征，家庭环境的熏陶对其职业兴趣的形成具有十分明显的导向作用。大多数人从幼年起就在家庭的环境中感受其父母的职业活动，随着年龄的增长，逐步形成自己对职业价值的认识，使得个人在选择职业时，不可避免地带有家庭教育的印迹。家庭因素对职业取向的影响，主要体现在择业趋同性与协商性等方面。

一般情况下，个人对于家庭成员特别是长辈的职业比较熟悉，在职业规划和职业选择上会产生一定的趋同性影响，同时受家庭群体职业活动的影响，个人的生涯决策或多或少产生于家庭成员共同协商的基础上。兴趣有时也受遗传的影响，父母的兴趣会对孩子有直接的影响。

4. 受教育程度

个人自身接受教育的程度是影响其职业兴趣的重要因素。从客观上来说，任何一种社会职业对从业人员都有知识与技能等方面的要求，而个人的知识与技能水平的高低在很大程度上取决于其受教育的程度。一般意义上，个人学历层次越高，接受职业培训范围越广，其职业取向领域就越宽。

5. 社会因素

一方面，社会舆论对个人职业兴趣的影响主要体现在政府政策导向、传统文化、社会时尚等方面。政府就业政策的宣传是主导的影响因素，传统的就业观念和就业模式也往往制约个人的职业选择，而社会时尚职业则始终是个人特别是青年人追求的目标。如当前计算机技术和旅游事业都得到较大发展，对这两个职业有兴趣的人也增加得很快。

另一方面，兴趣和爱好是受社会性制约的，不同的环境、不同的职业、不同文化层次的人，兴趣和爱好都不一样。

6. 职业需求

职业需求是一定时期内用人单位可提供的不同职业岗位对从业人员的总需求量，它是影响个人职业兴趣的客观因素。职业需求越多、类别越广，个人选择职业的余地就越大。职业需求对个人的职业兴趣具有一定的导向性，在一定条件下，它可强化个人的职业选择，或抑制个人不切实际的职业取向，也可引导个人产生新的职业取向。

最后，年龄的变化和时代的变化也会对人的兴趣产生直接影响。就年龄方面来说，少儿时期往往对图画、歌舞感兴趣；青年时期往往对文学、艺术感兴趣；成年时期往往对某种职业、某种工作感兴趣。它反映了一个人兴趣的中心随着年龄的增长、知识的积累在转移。不同的时代，不同的物质和文化条件，也会对人兴趣的变化产生很大的影响。

以上因素对每个人的影响都不同，需要在职业规划中予以考虑。

知识点五：各种兴趣类型的关系分析

霍兰德所划分的职业兴趣六大类型，并非是并列的、有着明晰边界的。他以六边形标示出职业兴趣六大类型的关系，如下图所示。

从图中可以看出：每一种类型与其他类型之间存在不同程度的关系，大体可描述为三类：

1）相邻关系，如 RI、IR、IA、AI、AS、SA、SE、ES、EC、CE、RC 及 CR。

属于这种关系的两种类型的个体之间共同点较多，例如，现实型 R、研究型 I 的人都不太偏好人际交往，这两种职业环境中也都较少有机会与人接触。

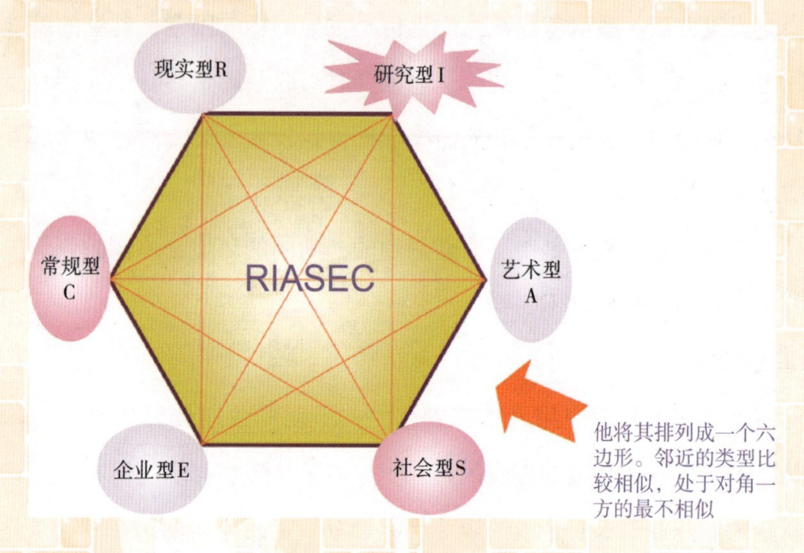

2）相隔关系，如 RA、RE、IC、IS、AR、AE、SI、SC、EA、ER、CI 及 CS。属于这种关系的两种类型的个体之间共同点较相邻关系少。

3）相对关系，在六边形上处于对角位置的类型之间即为相对关系，如 RS、IE、AC、SR、EI 及 CA。相对关系的人格类型共同点少，因此，一个人同时对处于相对关系的两种职业环境都很感兴趣的情况较为少见。

人们通常倾向选择与自我兴趣类型匹配的职业环境，如具有现实型兴趣的人在现实型的职业环境中工作，可以最好地发挥个人的潜能。但在职业选择中，个体并非一定要选择与自己兴趣完全对应的职业环境。一则因为个体本身常是多种兴趣类型的综合体，单一类型显著突出的情况不多，因此评价个体的兴趣类型时也时常以其在六大类型中得分居前三位的类型组合而成，组合时根据分数的高低依次排列字母，构成其兴趣组型，如 RCA、AIS 等；二则因为影响职业选择的因素是多方面的，不仅要依据兴趣类型，还要参照社会的职业需求及获得职业的现实可能性。因此，个体在进行职业选择时往往需要不断妥协，寻求相邻职业环境、甚至相隔职业环境，在这种环境中，个体需要逐渐适应工作环境。但如果个体寻找的是相对的职业环境，意味着所进入的是与自我兴趣完全不同的职业环境，工作起来可能难以适应，或者难以做到工作时觉得很快乐，相反，甚至可能会每天工作得很痛苦。

四、任务巩固

1. 轻松一刻

互动——“我的兴趣”小型演讲会

和全班同学分享一下你的兴趣，展示你的收藏品或“战利品”，举办一次小型演讲会。

2. 我思我想

未来的我

请列举出目前你最喜欢做的事情，并想象如果坚持做下去，未来的你将是什么样子，在下面的画框中画出“未来的我”。

1. 判断题。(对的打“√”，错的打“×”)

(1) 人的兴趣就是职业兴趣。(　　)

(2) 职业兴趣是可以培养的。(　　)

(3) 拥有现实型职业兴趣的人喜欢从事为他人服务和教育他人的工作。(　　)

(4) 职业兴趣会影响职业选择。(　　)

(5) 职业兴趣类型共有六种。(　　)

(6) 职业兴趣会使个人对某种职业给予优先注意，并具有向往的情感。(　　)

(7) 培养职业兴趣可以不考虑其可行性，只要自己喜欢就行。(　　)

(8) 在学习和生活中培养广泛的兴趣可以增强职业适应。(　　)

(9) 稳定的兴趣能使人思维专注，为成功起到保障作用。(　　)

(10) 职业兴趣有助于人的成才。(　　)

2. 同学们以小组为单位思考、讨论，绘制本项目知识总结图。

项目二 分析职业能力

一、任务布置

情景展示

小刘是某职业技术学校日语专业毕业的学生，在校期间，曾多次做兼职帮人做日语翻译。2009年毕业之际，他经熟人介绍去人力资源公司做了一名业务员。试用期间，小刘与同事相处融洽，工作勤奋，但是由于他在与客户沟通时表达能力欠佳导致业绩平平，待小刘试用期结束后，公司人力资源部的管理人员将其调到档案室工作。小刘担心如不服从安排，重新找工作不容易，就去了档案室工作。其实，小刘并不喜欢现在的工作，但是他又不知道该如何做，如果跳槽也不知道做什么工作更合适。

请你帮助小刘分析一下他的问题出在哪里。他该如何做？

知识目标： 1. 理解什么是职业能力，什么是职业能力倾向。

2. 了解职业能力的构成及其对工作的影响。
3. 了解自己的职业能力倾向，学会培养自己的职业能力。

任务一 任务描述

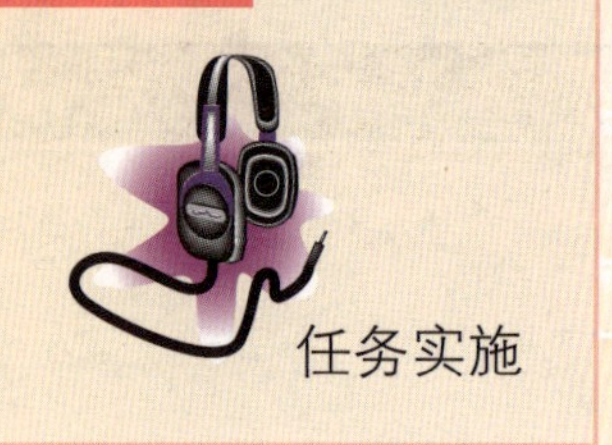

任务实施

按照既定的分组，各小组成员分工协作，根据自己的理解说明职业能力及职业能力倾向的概念，完成任务书Ⅰ。

《分析职业能力》任务书Ⅰ

班别＿＿＿＿　组别＿＿＿＿　完成时间＿＿＿＿

任　务	任务要求	组员姓名	任务分工	得分
演示职业能力及职业能力倾向概念	以图文的方式展示职业能力及职业能力倾向的概念	组长：	统筹全组工作	
		演讲能手：	代表小组发言	
		情报专家：	负责在网上收集资料	
		监督专员：	监督并协助情报专家收集资料	
		书记员：	文字记录及资料整理	
职业能力的概念（文字表述）				
职业能力倾向的概念（文字表述）				
师生总结				

任务二　任务描述

搜集资料并说明职业能力的构成，完成任务书Ⅱ。

任务实施

《分析职业能力》任务书Ⅱ

班别______　组别______　完成时间______

<table>
<tr><th>任　务</th><th>任务要求</th><th colspan="2">组员姓名</th><th colspan="2">任务分工</th><th>得分</th></tr>
<tr><td rowspan="5">说明职业能力的构成</td><td rowspan="5">小组讨论、列举大家了解的三个职业并分析它们所需要的能力分别是什么，搜索资料说明职业能力的构成</td><td colspan="2">组长：</td><td colspan="2">统筹全组工作</td><td rowspan="5"></td></tr>
<tr><td colspan="2">演讲能手：</td><td colspan="2">代表小组发言</td></tr>
<tr><td colspan="2">情报专家：</td><td colspan="2">负责使用手机在网上收集资料</td></tr>
<tr><td colspan="2">监督专员：</td><td colspan="2">监督并协助情报专家收集资料</td></tr>
<tr><td colspan="2">书记员：</td><td colspan="2">文字记录及资料整理</td></tr>
<tr><td rowspan="3">列举你们了解的三个职业并分析从事这些职业应该具备哪些能力</td><td colspan="2"></td><td>职业一</td><td>职业二</td><td colspan="2">职业三</td></tr>
<tr><td colspan="2">名称</td><td></td><td></td><td colspan="2"></td></tr>
<tr><td colspan="2">分析所需能力</td><td></td><td></td><td colspan="2"></td></tr>
<tr><td>说明职业能力的构成</td><td colspan="6"></td></tr>
<tr><td>师生总结</td><td colspan="6"></td></tr>
</table>

任务三 任务描述

任务实施

独自完成以下职业倾向测试表，并根据附录B职业能力倾向对照表说明本人所适宜的未来职业倾向类型，完成任务书Ⅲ。

职业倾向测试表（自评）

一般学习能力倾向（G）	强 1	较强 2	一般 3	较弱 4	弱 5
快而容易地学习新内容					
快而正确地解答数学题					
学习成绩					
对课文的字、词、段落篇章的理解、分析和综合能力					
对学习过的知识的记忆能力					
言语能力倾向（V）	强 1	较强 2	一般 3	较弱 4	弱 5
表达自己观点的能力					
阅读速度和理解能力					
掌握词汇量的程度					
语文成绩					
文学创作能力					
算术能力倾向（N）	强 1	较强 2	一般 3	较弱 4	弱 5
精确测量的能力					
笔算能力					
口算能力					
珠算能力					
数学成绩					
空间判断能力倾向（S）	强 1	较强 2	一般 3	较弱 4	弱 5
解决几何方面问题的能力					
画二维度的立体圆形的能力					
看几何图形的立体感的能力					
想象盒子展开后的平面图的能力					
想象三维度的物体的能力					
形态知觉能力倾向（P）	强 1	较强 2	一般 3	较弱 4	弱 5
发现相同图形中的细微差别的能力					
识别物体的形状差异的能力					
注意物体的细节部分的能力					
观察物体的图案是否正确的能力					
对物体进行细微描述的能力					

（续）

书写知觉能力倾向（Q）	强1	较强2	一般3	较弱4	弱5
快而准地抄写资料（如姓名、日期、电话号码等）的能力					
发现错别字的能力					
发现计算错误的能力					
很快查找编码卡片的能力					
自我控制能力（如较长时间抄写资料）					
眼手运动协调能力倾向（K）	强1	较强2	一般3	较弱4	弱5
玩电子游戏的能力					
进行篮球、排球、足球一类活动的能力					
打乒乓球、羽毛球的能力					
珠算能力					
打字能力					
手指灵巧度（F）	强1	较强2	一般3	较弱4	弱5
灵巧地使用很小工具的能力					
穿针眼、编织等使用手指活动的能力					
用手指做小工艺品的能力					
使用计算器的灵巧程度					
弹琴能力					
手腕灵巧度（M）	强1	较强2	一般3	较弱4	弱5
用手把东西分类的能力					
在推拉东西时手的灵活度					
削水果的能力					
灵活地使用手工工具的能力					
在绘画、雕刻等手工活动中的灵活性					

统计分数的方法：

1）对每一类能力倾向计算总分数。对每一道题目，我们采取“强”“较强”“一般”“较弱”“弱”五个等级，供您自评。每组5道题完成后，分别统计各等级选择的次数总和，然后用下面的公式计算出该类的总计次数（把“强”定为第一项，依此类推，“弱”定为第五项；第一项之和就是选“强”的次数和）。总计次数公式如下：

总计次数 =（第一项之和 ×1）+（第二项之和 ×2）+（第三项之和 ×3）+（第四项之和 ×4）+（第五项之和 ×5）

2）计算每一类能力倾向的自评等级，其公式如下：

自评等级 = 总计次数 ÷ 5

3）将自评等级填入任务书Ⅲ。

4）在附录B职业能力倾向对照表中找出自评等级相交较多的职业，以确定自己的职业倾向类型。

《分析职业能力》任务书Ⅲ

班别_______　组别_______　完成时间_______

职业能力倾向	总 计 次 数	自 评 等 级
G		
V		
N		
S		
P		
Q		
K		
F		
M		
本人适宜的未来职业倾向类型：		

知识点一：职业能力与职业能力倾向的概念

职业能力是人们从事某种职业的多种能力的综合。例如，一位教师只具有语言表达能力是不够的，还必须具有对教学的组织和管理能力，对教材的理解和使用能力，对教学问题和教学效果的分析、判断能力等。

职业能力倾向是指某人在某种职业上存在一定的潜力，倾向于某个职业。

职业能力倾向测试是一种心理测试，它可以发现一个人的潜在才能，预测个体在将来的学习和工作中可能达到的成功程度，帮助选择适合自己的职业。

职业能力倾向测试是选贤任能的一种科学方法和手段，它综合利用心理学、行为学、管理学、测量学、计算机技术等多种学科和技术，通过严密的测评过程和客观的评分标准，对人的知识水平、能力结构、个性特点、职业倾向、发展潜能等素质进行综合测评，为企事业单位招聘、选拔、培养各类人才提供参考依据，同时也为个人的发展提供咨询。目前，世界各地已经广泛地将其应用于人力资源开发，国内亦在蓬勃发展。

知识点二：职业能力的构成

由于职业能力是多种能力的综合，因此，我们可以把职业能力分为一般职业能力、专业职业能力和综合职业能力。

1. 一般职业能力

一般职业能力主要是指一般的学习能力、文字和语言运用能力、数学运用能力、空间判断能力、形体知觉能力、颜色分辨能力、手的灵巧度、手眼协调能力等。

2. 专业职业能力

专业职业能力主要是指从事某一职业的专业能力。在求职过程中，招聘方最关注的就是求职者是否具备胜任岗位工作的专业能力。例如，你去应聘教学工作岗位，对方最看重的是你是否具备最基本的教学能力。

3. 综合职业能力

这里主要介绍国际上普遍注重培养的“关键能力”或称“职业核心能力”，它适用于各种职业，是伴随人终身的可持续发展能力。它主要包括以下四个方面。

（1）跨职业的专业能力

从三个方面可以体现出一个人跨职业的专业能力：一是运用数学和测量方法的能力；二是计算机应用能力；三是运用外语解决技术问题和进行交流的能力。

（2）方法能力

方法能力包括：①信息收集和筛选能力；②掌握制订工作计划、独立决策和实施的能力；③具备准确的自我评价能力和接受他人评价的承受力，对环境的适应能力，以及遇到挫折时良好的心理承受能力。

（3）社会能力

社会能力主要是指一个人的团队协作能力、人际交往和善于沟通的能力。在工作中能够协同他人共同完成工作，对他人公正宽容，具有准确裁定事物的判断力和自律能力等，这是岗位胜任和在工作中开拓进取的重要条件。

（4）个人能力

个人能力包括组织能力、沟通能力、领导能力、创新能力、学习能力、社会责任感和职业道德等。随着我国经济体制改革的深入、法制的不断健全和完善，人的社会责任心和诚信将越来越被重视，人的职业道德会越来越受到全社会的尊重和赞赏，爱岗敬业、认真负责和创新发展的职业人格会得到全社会的肯定和推崇。

知识点三：职业能力对职业的影响

1. 一定的职业能力是胜任某种职业岗位的必要条件

任何一个职业岗位都有相应的岗位职责要求，一定的职业能力则是胜任某种职业岗位的必要条件。因此，求职者在进行择业时，首先要明确自己的能力优势以及胜任某种工作的可能性。在条件允许的情况下，可以由专业职业指导人员帮助分析，根据求职者的学历状况、职业资格、职业实践等来确定求职者的职业能力，必要时可以通过心理测试作为参考，在基本确定求职者的职业能力和发展的可能性的基础上帮助求职者进行职业选择。

2. 职业实践和教育培训是职业能力发展的前提

（1）职业实践促进职业能力的发展

职业能力是在实践的基础上得到发展和提高的，一个人长期从事某一专业劳动，能促使人的能力向高度专业化发展。例如，计算机文字录入人员随着工作的熟练和经验的积累，录入的速度会越来越快，准确性也会越来越高。个体的职业能力只有在实际工作中才能得到不断发展、提高和强化。

（2）教育培训促进教育能力的提高

个体职业能力的提高除了在实践中磨炼和提高之外，最有效的途径就是接受教育和培训。如我们所熟悉的职业教育、专科教育、大学本科教育、研究生教育等，学生通过对有关知识和技能的掌握，能在未来更好地胜任本职工作。

（3）职业能力、职业发展与职业创造间的关系

职业能力是人的发展和创造的基础。前面讲到能力是成功地完成某种任务或胜任某项工作必不可少的基本因素，没有能力或能力低下，就难以达到工作岗位的要求，不能胜任。个体的职业能力越强，各种能力越是综合发展，就越能促进人在职业活动中的创造和发展，也就越能取得较好的工作绩效和业绩，越能给个人带来职业成就感。

1. 轻松一刻

现学现卖

一名中职学生不了解自我，对在校学习生活无所适从，请你扮演一个有丰富经验的专家，根据他的职业能力倾向测试结果，利用所学的知识，指导他有目的地提高各方面的能力。要求符合实际，理由充分。

你指导的这名学生的职业能力倾向是______________________________

你要指导他提高哪些方面的职业能力？如何提高？____________________

____

____

2. 我思我想

我所具备的职业能力有哪些？如何有效提高自己的职业能力？

五、任务反馈

1. 请自己动手，以鱼骨图、树形图或其他图文形式展示本项目的知识点。

2. 请填写本项目学习前后你对以下知识点的理解。

知识点	学习前	学习后
职业能力		
职业能力对职业的影响		

尼采曾说：“聪明的人只要能认识自己，便什么也不会失去。”

每个人都有巨大的潜能，每个人都有自己独特的个性和长处，每个人都可以选择自己的目标，并通过不懈的努力去争取属于自己的成功。

请记住，认识自我，你就是一座金矿，拥有自信、自主、自爱，你就一定能够在自己的人生中展现出应有的风采。

专题二

认识专业　热爱专业

认识专业是新生必修的第一课，
热爱专业，是成才的基本前提。
我们只有在认识专业的基础上培养热爱专业之情，
才能树立“干一行，爱一行，专一行，精一行”的思想，
只有拥有成才之志向，成才之行动，成才之毅力，
才能努力奋斗，自强不息，为社会做出贡献。

项目一 立足我的专业

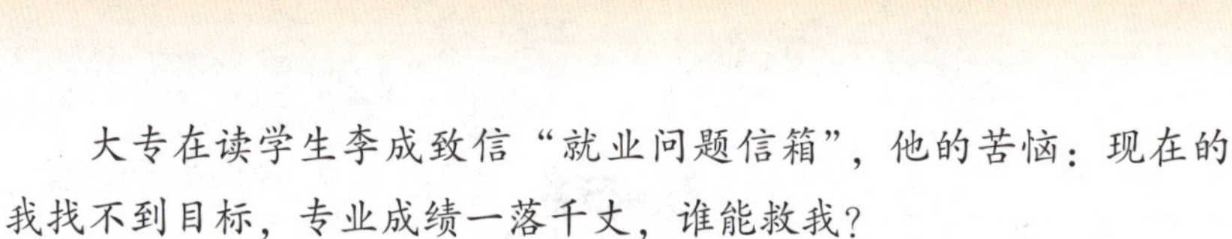

情景展示

大专在读学生李成致信“就业问题信箱”，他的苦恼：现在的我找不到目标，专业成绩一落千丈，谁能救我？

一起来看看李成的情况：李成是某市工程学院计算机应用技术专业的大二在读学生，报读之初他抱着很大的希望，长辈们纷纷说该专业毕业后大有前途，但是，在求学的过程中情况似乎不乐观。就专业课程来说，要学习计算机数学、操作系统、多媒体技术基础、图像处理、数据库应用、多种语言程序设计等，专业知识很枯燥，不容易掌握，以前一直觉得计算机就是会打字、能正常使用就可以了，正式接受专业教育以后才发现与想象的差很远，顿时失去了学习的兴趣。而且，需要学习的知识很多、很杂，有网络方向，有维护方向，也有营销方向，他根本不知道该选择什么方向。李成上过很多大的招聘网站，想看看计算机应用技术专业毕业生可以在哪里混口饭吃，可是却发现该专业不像某些专业在社会上有很多对口企业，一出校门就知道哪一个公司是将来自己去的地方，也不太清楚未来能在企业中处于什么位置，要从事什么工作。虽然报纸、电视上都在说IT产业是高新产业，很多顶级公司需要大量人才，但那些都是不现实的，那些顶级公司都是高端人才去的地方，对于只掌握基本技术的大专毕业生来说，何处才是出路呢？该如何定位呢？心中的重重疑虑使得李成现在找不准目标，找不到前进的方向，更不用说学习的动力了。

思考：你是否有过李成这样的想法？ 如果你是李成，打算如何重新树立学习的信心、重拾学习的动力？

知识目标：

1. 了解学习专业的概念。
2. 认识本专业概况， 稳定专业思想。
3. 认识所学专业的重要性， 明确学习目标。
4. 热爱所学专业， 立志成才。

一、… 二、任务实施 三、… 四、… 五、…

任务一 任务描述

独立完成任务书Ⅰ《立足我的专业》。

任务实施

《立足我的专业》任务书Ⅰ

完成时间______年______月______日

任　务	任务要求	方法提示
初步盘点专业的情况	根据实际情况独立完成《专业情况盘点》	① 翻查、回想入学教育阶段班主任讲授的内容 ② 可使用手机在网上查找专业的相关资料

专业情况盘点	
现在所读专业的名称	
为什么选择本专业	
你知道本专业要培养怎样的人才吗	
你知道本专业要修读哪些课程吗	
你知道本专业毕业生有哪些就业出路吗	
你如何看待这个专业	

任务二 任务描述

各组根据任务实施情况填写任务书Ⅱ。

任务实施

《立足我的专业》任务书Ⅱ

班别_______ 组别_______ 完成时间_______

<table>
<tr><th>任务</th><th>任务分解</th><th colspan="3">任务实施</th></tr>
<tr><td rowspan="16">进一步
熟悉专业</td><td rowspan="6">小组分工
明确职责</td><td colspan="2">组员姓名</td><td>职责</td></tr>
<tr><td colspan="2">负责人：</td><td>统筹全组工作，向教师汇报工作进度</td></tr>
<tr><td colspan="2">汇报员：</td><td>代表小组向全班同学汇报成果</td></tr>
<tr><td colspan="2">情报员：</td><td>可使用手机在网上查找资料信息</td></tr>
<tr><td colspan="2">信息处理员：</td><td>整理资料信息，准备汇报材料</td></tr>
<tr><td colspan="2">记者：</td><td>记录小组完成任务的过程，可用手机拍照，任务完成后分享小组合作感想</td></tr>
<tr><td>分工合作
完成任务</td><td colspan="3">本组汇报题目：____________________
汇报形式：____________________
汇报内容摘要：</td></tr>
<tr><td rowspan="4">摘录其他
组汇报
要点</td><td>组别</td><td>汇报题目</td><td>要点摘录</td></tr>
<tr><td></td><td></td><td></td></tr>
<tr><td></td><td></td><td></td></tr>
<tr><td></td><td></td><td></td></tr>
</table>

任务三 任务描述

任务实施

播放“优秀毕业生经验交流视频”，同学们分享观后感，完成任务书Ⅲ。

《立足我的专业》任务书Ⅲ

班别______ 组别______ 完成时间______

任务	培养热爱专业之情，树立远大成才之志
任务要求	观看“优秀毕业生经验交流视频”，记录并分享观看感受
视频一	优秀毕业生姓名： 从事职业： 观后感：
视频二	优秀毕业生姓名： 从事职业： 观后感：
我的志向	

知识点一：专业的含义

专业，一般指高等院校或中等专业学校根据社会分工需要而划分的学业门类。专业有广义、狭义和特指三种解释。

广义的专业是指某种职业不同于其他职业的一些特定的劳动特点。

狭义的专业主要是指某些特定的社会职业。这些职业的从业人员从事的是比较高级、复杂、专门化程度较高的脑力劳动。一般人所理解的专业大多就是指这类特定的职业。

特指的专业即高等院校或中等专业学校开设的专业。

知识点二：认识所读专业的重要性

1. 明确本专业自己是否喜欢和适合

如果努力学习一个自己不喜欢或者日后用不着的专业，那毕业后的回报就是零，看似充实的学习其实对未来的工作、理想没有一点有针对性的准备，这会直接导致毕业后所学非所做，所做非所能。因此，在认识专业情况的过程中，应明确现在所学专业自己是否喜欢，是否适合自己。如果不喜欢或不适合，就应该重新选择专业，不再做太多无用功。

2. 明确本专业毕业后的就业出路

我们不能学了几年专业后还不清楚自己学习这些专业知识后在毕业后能做什么

样的工作。在了解了专业的情况后，我们就应该知道本专业的出路。这时可以审视这些工作是否是你向往的，是否适合你。

3. 有效地学习专业

找到了自己喜欢或者可能喜欢的专业，知道日后要做的工作需要学习什么专业，便可以有针对性地学习专业。每个专业的学习内容和学习方法是不一样的，所以首先要知道本专业要求修读哪些课程、有什么特殊要求、应如何去学习等问题，这样才能有效地学习。此时，努力钻研的动力就不仅仅是考试的分数或者奖学金了，而是为了实现日后的目标。

4. 明确职业要求

专业是直接对应职业的，但很多学生，尤其是对所学专业缺乏深入认识的学生根本不知道专业所对应的职业是什么，更谈不上了解职业的要求。而通过认识专业，可以很快地进入职业探索流程，更重要的是为寻找专业和职业间的差距做了很好的准备。

5. 加深自我了解

我们成长中的很多错位、不适合是因为对自己的不了解而导致了错误选择，进而由于不了解自己的目标，在求学期间漫无目的地虚度光阴。因此，我们要在不断认识专业的过程中进一步了解我们的兴趣和期望是什么。

知识点三：培养热爱专业之情

热爱专业是成才的基本前提。热爱专业就是指有正确的、稳定的专业思想，有执着的追求，充满献身精神。这种对专业的热爱之情，是求知的前提，它能增强学生学习的主动性和学习热情，能增强克服困难、战胜困难的信心。热爱愈深，达到一种入迷的程度，一个人就会产生巨大的精神力量和勇气。因此，我们要在认识专业的基础上培养热爱专业之情，树立“干一行，爱一行，专一行，精一行”的思想，有成才之志、成才之行、成才之毅力，努力奋斗，自强不息，为社会做出贡献。

知识点四：技工学校部分专业介绍

专业分类	培养目标	就业方向	主修课程
汽车检测与维修	掌握汽车原理、汽车构造、汽车电气知识要领，熟悉现代汽车检测与维修方法，具备排除综合故障能力，并能应用新技术、新工艺解决生产疑难问题	可选考汽车维修中级证、汽车维修高级证。可推荐到汽车维修检测、制造等企业，从事汽车维修检测、汽车售后服务等工作	发动机构造与维修、底盘构造与维修、汽车电气设备构造与维修、汽车电控系统构造与维修、汽车检测技术、汽车使用与技术管理、汽车空调系统构造与维修
汽车维修	掌握汽车原理、结构、性能等知识，具有较强的拆装、保养和维修技能	可选考汽车维修中级证。可推荐到汽车制造、汽车维修、汽车美容护理等企业，从事汽车机电、汽车钣金、汽车喷漆、汽车售后服务等工作	发动机构造与维修、底盘构造与维修、汽车电气设备构造与维修、汽车电控系统构造与维修、汽车美容美护、汽车空调系统构造与维修、汽车车身修复技术
新能源汽车检测与维修	掌握新能源汽车原理、构造，熟悉新能源汽车检测与维修方法，具备排除综合故障能力，并能应用新技术、新工艺解决生产疑难问题	可选考汽车维修中级证、汽车维修高级证、维修电工证。可推荐到汽车维修检测、制造等企业，从事汽车维修检测、汽车售后服务等工作	新能源汽车构造、新能源汽车故障诊断与排除、汽车电控技术、DC/AC 逆变、混合动力汽车、电动汽车结构与原理、新能源汽车维护及检测
机电一体化	熟悉机床设备、工艺装备的结构性能、工作原理、使用和调整方法，掌握机械加工和电工操作技能	可考取电工证、维修电工/钳工中高级证。可推荐到机电产品生产、机电设备安装调试、机电设备操作运行等企业，从事机电设备装调与维护、机械加工操作、电工等工作	机械制图与识读、AutoCAD 工程图绘制、机修钳工、机械加工技能、机械装置拆装、气动与液压系统装调、日常用电设备安装、电子电路安装与检修、电气设备安装与检修、PLC 应用系统设计与安装、交直流传动系统装调维修
模具设计与制造（3D 打印方向）	机械制造行业的模具技术工人	可考取模具制造工职业资格证书、助理模具设计师，可推荐到模具设计、模具制造、模具安装与调试、模具销售等企业，从事模具维修与管理、模具加工工艺编制、计算机辅助绘图与设计等工作	AutoCAD 工程图绘制、机械制图与识读、模具拆装与测绘、模具钳工制作、模具零件普通车床加工、模具零件数控加工、模具零件特种加工、冲压模具设计与制造、注塑模具设计与制造、模具安装与调试、3D 打印技术

（续）

专业分类	培养目标	就业方向	主修课程
城市轨道交通车辆运用与检修	掌握城市轨道交通设备电气安装与检测、城市轨道交通PLC应用与控制、运输设备运用、自动化控制等知识，具备城市轨道交通日常运行指挥管理、城市轨道交通设备安装调试与维修管理等能力	可考取电工证、可编程控制系统设计师、维修电工中高级证。可推荐到城市轨道交通的相关企业，从事城市轨道交通日常运行指挥管理、城市轨道交通设备安装调试与维修管理等工作	城市轨道交通设备电气安装与检测、城市轨道交通PLC应用与控制、城市轨道交通运输设备运用、城市轨道交通自动化控制、机电传动与控制、工程图识读与绘制、城市轨道交通行车组织
制冷设备制造、安装与维修	技术理论、操作水平达到制冷设备维修中级工/高级工水平	可考取制冷上岗证、制冷设备维修工中级证。可推荐到制冷设备和电气设备制造、安装调试、维修等企业，从事制冷设备的制造、安装、调试、维修、管理、销售等工作	制冷设备图识读与绘制、制冷安装工艺与技能训练、电工电子电路安装与检测、电气控制与调试、制冷控制原理与维修、小型制冷设备安装与维修、冷库与中央空调维修
城市燃气输配与应用	掌握建筑识图与绘制、管道加工、燃气管道施工与运行、燃气具安装与检修、燃气输配与应用技术，具备燃气及其相关设备的营销、维护和技术管理、项目管理的能力	可考取燃气具安装维修工中级证、燃气管道工中级证。可推荐到燃气管网的运行、燃气输配、消防安全、设备维护、燃气管道施工等企业，从事燃气及其相关设备的营销、维护和技术管理、市场开发与经营、城市燃气项目管理等工作	建筑识图与绘制、管道加工实训、燃气管道施工与运行、燃气具安装与检修、燃气输配与应用技术
工程造价	掌握建筑识图与制图、建筑CAD、建筑测量技术、建筑工程造价等，具备工程造价、工程监理、工程勘察设计等能力	可考取工程测量员中级证、工程测量员高级证、土建监理员（选考）。可推荐到建筑监理公司、路桥监理公司、各类工程质量检测监督部门、工程考察设计单位、房地产开发企业、工程造价咨询机构，从事工程造价、工程监理、工程勘察设计等工作	建筑识图与制图、建筑CAD、预算编制基础、工程档案编制、工程造价控制与管理、建筑测量技术、建筑工程造价等
建筑工程管理	掌握建筑识图与制图、建筑CAD、建筑施工技术、建筑测量技术，具备工程施工、工程监理、工程勘察设计等能力	可考取工程测量员中级证、工程测量员高级证、土建监理员（选考）。可推荐到建筑施工企业、房地产开发企业、路桥施工企业，及交通、市政或建筑工程等企业，从事工程施工、工程监理、工程勘察设计等工作	建筑识图与制图、建筑CAD、工程档案编制、建筑施工技术、建筑测量技术、建筑项目管理、建筑工程实训等

（续）

专业分类	培养目标	就业方向	主修课程
建筑装饰	熟知建筑装饰表现图的基本技法，能进行简单的室内外装饰设计，掌握常用建筑装饰材料性能及施工工艺，能参与室内外装饰工程施工	可考取工程测量员中级证、工程测量员高级证、土建监理员（选考）。可推荐到建筑设计院、装饰装修公司等企业，从事装饰装修设计、管理、施工等工作	建筑工程制图、建筑表现技法、建筑装饰材料、建筑装饰构造、建筑测量技术、建筑装饰施工技术、室内设计与表现、建筑装饰设计技能等
环境艺术设计	掌握常见植物识别与养护、园林制图与计算机辅助制图、环境艺术表现技法、观赏植物栽培与养护，具备环境设计、环境建设及维护、观赏植物种植与养护等能力	可考取绿化工中级证、绿化工高级证。可推荐到公园、风景区等机关事业单位、房地产公司、园林公司、绿化公司、景观设计及工程公司等企业，从事环境设计、环境建设及维护、观赏植物种植与养护等工作	观赏植物基础、常见植物识别与养护、园林制图与计算机辅助制图、环境艺术表现技法、观赏植物栽培与养护、风景区规划等
环境保护与检测	掌握建筑识图与制图、建筑CAD、环境管理与政策法规、环境保护与监测概论、环境影响评价与监测、水处理微生物基础、水污染采样与监测、环境生态与可持续发展等	可考取污水处理工中级证、污水处理工高级证。可推荐到市政供水、污水处理等机关企事业单位，从事环境保护、污染防治、环境采样和检测、环境工程监理和施工等工作	建筑识图与制图、建筑CAD、环境管理与政策法规、环境保护与监测概论、环境影响评价与监测、水处理微生物基础、水污染采样与监测、环境生态与可持续发展等
计算机网络应用	计算机网络操作及网页制作人员	可考取高级管理员（网络）、高级操作员（办公软件）。可推荐到企事业单位从事网络策划、网络开发运营、网络调试、网络管理、网站建设以及信息系统维护等工作	网络综合布线、微机组装与维修、网络设备安装与调试、网站建设、中小型网络构建
电子商务	借助计算机网络技术进行政务、商务活动	可考取电子商务师。可推荐到外贸、企事业单位从事商务管理、经营、物流配送等工作；也可推荐到电子商务企业从事网络采购、网络营销、电子交易等工作	网络营销、供应链管理与电子采购、物流配送与库存管理、网络客服、电子商务项目运营
计算机应用与维修	从事微机软件应用与维护工作的一专多能的技术工人	可考取网络管理员、操作员（办公软件）。可推荐到政府机关、电信、邮政、工厂等企业，从事电信业务营业员、IT产品销售人员、用户通信终端维修员等岗位工作	局域网规划与组建、网络设备调试与故障排除、微机组装与维护、移动通信技术、网络操作系统安装与维护

（续）

专业分类	培养目标	就业方向	主修课程
室内设计	掌握展示设计、家居设计、景观设计、工程预算与招投标、装饰施工工艺，具备设计、技术与管理能力	可考取高级绘图员（建筑）、高级图像制作员。可推荐到室内装饰行业，从事设计、技术与管理工作，主要担任图纸绘制员、三维建筑表现设计师、室内装潢设计师等	展示设计、家居设计、景观设计、工程预算与招投标、装饰施工工艺
计算机动画制作（游戏设计方向）	动画绘制、动画编辑和多媒体制作的富有创意的技能型人才	可考取高级图像制作员。可推荐到影视动漫制作及电视传媒、广告传播、游戏、网络动漫、手机动漫等行业，从事动漫设计、动画绘制、平面设计等工作	3D特效绘制、动漫游戏企划、小型游戏编程、动画造型、后期特效设计与合成
计算机广告制作	能够运用现代技术进行美术装潢，以及宣传设计与制作的美术人才	可考取高级图像制作员。可推荐到商品广告、文化传播、企业策划、包装装潢设计、数字娱乐设计、出版业、网络公司、室内外环境艺术设计、广告公司、数码相片影楼等企业，从事图文排版、设计工作	广告招贴设计、标志设计、包装设计、VI设计、广告视频制作
会计	掌握财务会计基础和专业理论知识，具备运用计算机处理账务、文书及进行档案管理的能力	可考取操作员（办公软件）、助理会计师。可推荐到企事业单位、会计师事务所、银行等金融机构，从事会计核算、财务管理、秘书文员等工作	会计电算化应用、基础会计实务、财务法规、会计软件操作技巧、纳税实务、秘书实务应用
现代物流	物流公司的电子接单与管理人才和为商务活动服务的技能人才	可考取物流师。可推荐到阿里菜鸟网络服务商、物流企业、外贸企业、跨境电商企业、保税中心等企业，从事与物流相关的工作	国际贸易实务、报关与报检、国际货代、物资采购、物流信息技术应用、物流装备与技术
幼儿教育	掌握幼儿卫生学、幼儿教育学、幼儿心理学、乐理视唱练耳、声乐、舞蹈等，具备幼儿保育、教育以及行政管理能力	可考取保育员、育婴师。可推荐到各级各类幼儿园、早教机构、儿童活动中心等一线从事幼儿保育、教育以及行政管理工作	幼儿卫生学、幼儿教育学、幼儿心理学、幼儿安全教育、幼儿教育活动与设计、乐理视唱练耳、声乐、舞蹈
服装制作与营销	懂设计，会量、裁、做的服装专业技术人才	可考取服装制版师。可推荐到中外服装设计院、服装企业、服装销售公司等，从事服装设计、服装制版、服装企业管理、服装产品开发等工作	服装款式设计、服装图案设计、服装结构设计、服装材料、服装计算机辅助设计、服装立体剪裁、服装缝制工艺、服装品牌策划

（续）

专业分类	培养目标	就业方向	主修课程
城市轨道与交通运输与管理	掌握城轨客运组织、城轨运营行车组织、运营调度、应急处理、运营心理学、列车服务等，具备车站站务、票务、车站值班、运营调度、列车乘务、服务及管理能力	可考取客运值班员。可推荐到地铁、轻轨等城市轨道交通运营公司等企业，从事车站站务、票务、车站值班、运营调度、列车乘务、服务及管理工作	城轨客运组织、城轨运营行车组织、城轨运营调度、城轨应急处理、城轨运营心理学、城轨列车服务、城轨客运服务英语
旅游与酒店管理	客房、餐厅、娱乐等服务、管理人员	可考取茶艺师。可推荐到各大星级酒店、餐饮连锁企业、会展服务公司等，从事餐饮服务客户营销、楼面督导、公关维护、内部管理等工作	餐前准备、餐饮服务、突发事件处理、营销策划、茶艺品鉴、酒店英语、企业管理制度建设、绩效管理
中餐烹饪	烹调师、面点师	餐厅、饭店	原料知识、营养卫生知识、成本核算、烹调技术、面点技术、原料初加工、厨房管理
美容美发	培养具有专业技术水平的美容师、美发师	美容院、美发厅	美术基础、化妆品知识、美发卫生知识、推拿按摩、发型设计、皮肤护理、美容化妆
礼仪服务与模特	具有高素质的，掌握礼仪服务工作所需要的文化基础知识、专业技术知识，具有礼仪服务工作所需要的仪表及体质的专业技能人才	各大饭店、会议中心、高级招待所、餐厅	旅游地理、旅游心理学、烹饪基础知识、礼貌礼节、餐饮服务与管理、客房服务、形体训练
外事服务	具有良好的职业道德，掌握一定的文化知识、专业基础理论知识和较熟练服务技能的服务人员	涉外饭店、餐厅	礼仪礼貌、形体训练、旅游地理、旅游心理、饭店服务、食品卫生
市场营销	掌握营销心理分析、渠道开发与管理、市场营销、广告策划、公共关系实务、网络营销等，具备电子商务操作、企业市场调研和营销策划等能力	可考取电子商务师。可推荐到各类商业销售公司，从事销售代表、客户经理、电子商务操作、企业市场调研和营销策划等工作	营销心理分析、渠道开发与管理、客户开发与维护、市场营销、广告策划、公共关系实务、网络营销
国际贸易（英语方向）	有现代商业理论知识、丰富的商品知识、良好的英语能力及较强的实际操作能力并能在高档涉外商业、企业从事商业服务和管理的专业人才	可考取全国公共英语等级考试一、二级，剑桥国际商务英语初级，电子商务师。专业基础较好的学生可从事旅行社、酒店、涉外企事业单位的接待、咨询、文秘、网络营销等类型的工作	公共英语、文秘英语、剑桥国际商务英语、商务礼仪、国际贸易原理与实务、电子商务、国际货代、外贸单证实务、秘书实务

1. 轻松一刻

游戏——谁的出路更广

不同专业的同学对各自今后可能从事的职业了解多少呢？让大家来比一比，看能说出多少个与本专业相关的职业。

游戏规则：

每轮游戏2名同学进行比赛，双方一起喊“1、2、3——我的专业出路广”后，轮流讲出一个与本专业相关的职业，全班同学一齐监督答案正确与否，依此类推，直到任何一方接不上游戏结束。

2. 我思我想

通过查看互联网、查阅书刊、访问熟人、参观实地等方式搜查一下与你所读专业相关的职业有哪些（至少列举三个）。并简单介绍一下这些职业的工作环境是怎样的。形成图文并茂的小报告。

五、任务反馈

1. 请自己动手，以鱼骨图、树形图或其他图文来展示本项目所学知识点。

2. 请填写本项目学习前后你对以下内容的理解。

知识点	学习前	学习后
我的专业	1. 2. 3.	1. 2. 3.
专业的重要性		

项目二 转变学习方式

一、任务布置

情景展示一

在中学时贪玩厌学的张某经历了中考，看着自己的同学走进自己向往的校园而自己却被多个学校拒于校门之外，他开始意识到学习的重要性。张某经过多方考虑，最后选择就读某技工学校，决定从学习技能开始，让自己成为一个技能型人才。但是由于张某在中学时总是边学习边看小说或者玩手机等，未能养成良好的学习习惯，也没有掌握一定的学习方式，面临新的技校课程，他有些无所适从。

思考：请你帮助张某出谋划策，看看他的技校学习该如何进行？

情景展示二

刘某是汽修专业的一名男生，他中考的分数很高，本可以去读高中，但是因为家庭环境的原因，他选择了技校汽修专业。他是一名“好学生”，上课认真听讲、笔记整齐、按时完成作业，待人有礼貌、遵守纪律，但是课堂上很少回答问题，课外也很少与同学交流学习心得。用他的话说：“只要我像以前在中学时一样努力学习，我毕业时一定是个技能人才。”但是，一个学期结束了，他的成绩不像他想的那样优异，特别是实操课成绩，都是基本及格，他觉得很郁闷。

思考：请问为什么刘某认真学习成绩还是不理想呢？他该怎么办？

知识目标： 1. 掌握学习方式的概念。

2. 了解学习方式分类。
3. 能够灵活选择与学习任务相匹配的学习方式。

任务一 任务描述

根据实际情况展示自己最喜欢的学习方式，完成任务书Ⅰ。

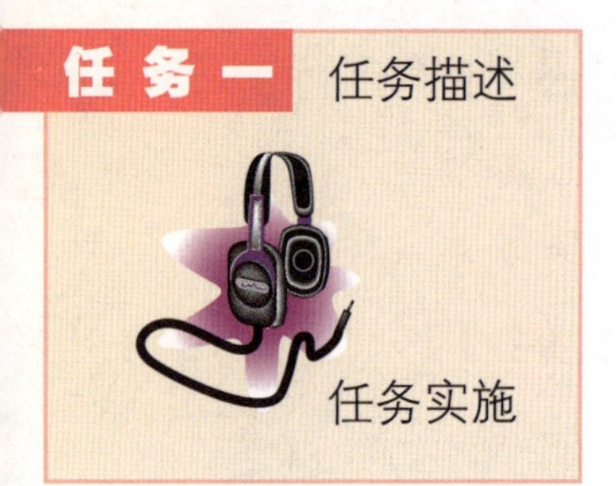

任务实施

《转变学习方式》任务书Ⅰ

班别________ 组别________ 完成时间________

任务	任务要求	组员姓名	任务分工	得分
展示我最喜欢的学习方式	以文图的方式展示学习方式	组长：	统筹全组工作	
		演讲能手：	代表小组发言	
		情报专家：	负责使用手机在网上收集资料	
		监督专员：	监督并协助情报专家收集资料	
		书记员：	文字记录及资料整理	
我最喜欢的学习方式				
师生总结				

任务二 任务描述

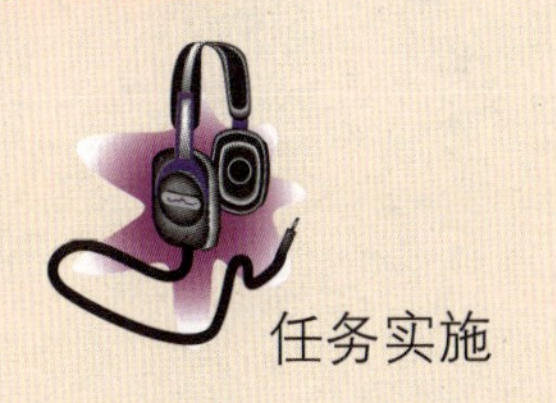

任务实施

按照既定的分组，各小组成员分工协作，根据实际情况列举你知道的学习方式，看看自己平时都运用了哪些学习方式，并将这些学习方式进行分类，完成任务书Ⅱ。

《转变学习方式》任务书Ⅱ

班别______ 组别______ 完成时间______

<table>
<tr><th>任　务</th><th>任务要求</th><th>组员姓名</th><th>任务分工</th><th>得分</th></tr>
<tr><td rowspan="5">演示学习方式种类</td><td rowspan="5">以文字的方式展示学习方式的种类</td><td>组长：</td><td>统筹全组工作</td><td rowspan="5"></td></tr>
<tr><td>演讲能手：</td><td>代表小组发言</td></tr>
<tr><td>情报专家：</td><td>负责使用手机在网上收集资料</td></tr>
<tr><td>监督专员：</td><td>监督并协助情报专家收集资料</td></tr>
<tr><td>书记员：</td><td>文字记录及资料整理</td></tr>
<tr><td>学习方式的种类（文字表述）</td><td colspan="4"></td></tr>
<tr><td>师生总结</td><td colspan="4"></td></tr>
</table>

任务三 任务描述

任务实施

按照既定的分组，各小组成员分工协作，收集资料或案例说明接受学习方式的特点，完成任务书Ⅲ。

《转变学习方式》任务书Ⅲ

班别______ 组别______ 完成时间______

任务	任务要求	组员姓名	任务分工	得分
说明接受学习方式的特点	收集接受学习方式的案例，说明它有何特点	组长：	统筹全组工作	
		演讲能手：	代表小组发言	
		情报专家：	负责使用手机在网上收集资料	
		监督专员：	监督并协助情报专家收集资料	
		书记员：	文字记录及资料整理	
接受学习方式的案例	1. 2.			
接受学习方式的特点				
师生总结				

任务四 任务描述

任务实施

按照既定的分组，各小组成员分工协作。寻找实际例子说明“主动、探究、合作”学习方式的特点，完成任务书Ⅳ。

《转变学习方式》任务书Ⅳ

班别______ 组别______ 完成时间______

任　务	任务要求	组员姓名	任务分工	得分
说明“主动、探究、合作”学习方式的特点	收集“主动、探究、合作”学习方式的案例，说明它有何特点	组长：	统筹全组工作	
		演讲能手：	代表小组发言	
		情报专家：	负责使用手机在网上收集资料	
		监督专员：	监督并协助情报专家收集资料	
		书记员：	文字记录及资料整理	
“主动、探究、合作”学习方式的案例	1. 2.			
“主动、探究、合作”学习方式的特点				
师生总结				

知识点一：学习方式的概念

学习方式是指学生在完成学习任务过程中的基本行为和认知的取向。学习方式较之学习方法是更为上位的东西。学习方式是人们在学习时所具有或偏爱的方式，即学习者在研究解决其学习任务时所表现出来的具有个人特色的方式。它是学习者持续表现出来的学习策略和学习倾向的总和。它不仅包括相对的学习方法、学习策略、学习手段等方法、技术层面的外在表现，而且还包括学习态度、学习状态、学习品质等智慧、性格层面的内在品质。

学习方式不同于具体的学习策略和方法。学习策略是指学习者完成学习任务或实现学习目的而采取的一系列步骤，其中某一特定步骤称为学习方法。

知识点二：学习方式的分类

1. 根据学习进行的形式可划分为接受学习和发现学习

在接受学习中，学习内容是以定论的形式直接呈现的，学生是知识的接受者。在发现学习中，学习内容是以问题的形式间接呈现的，学生是知识的发现者。

发现学习与探究学习、研究学习在性质上是一样的，相对于接受学习来说，它们只是在适用范围和层次上有一定的区别。

2. 根据学习者对整个学习过程的控制程度可划分为自主学习和他主学习

自主学习一般是指个体自觉确定学习目标、制订学习计划、选择学习方法、监控学习过程、评价学习结果的学习，它体现了人的主体性、能动性、独立性的一面。

他主学习则与自主学习相反，体现了人的客体性、受动性、依赖性。

3. 根据新旧知识经验相互作用的情况可划分为意义学习和机械学习

意义学习即我们通常所说的在理解基础上进行的学习，它意味着新旧知识经验的相互作用和整合。

机械学习就是我们通常所说的死记硬背式的学习，在这种学习过程中，因为学习者自身或学习材料的原因，学习者无法达成对学习材料的理解，而学习材料也无法产生其心理意义。

4. 根据组织形式可划分为合作学习和独立学习

合作学习是指学习者为了完成某些共同任务，在明确责任分工的基础上以小组或团队的形式进行的学习。

独立学习则是指由个体独立进行的学习。

知识点三：接受学习、自主学习、合作学习和探究学习

1. 接受学习

接受学习是以听讲和练习为主要方式的学习，以突出教学的结果为标志。在接受学习中，学习的主要内容是以定型的形式呈现给学习者的。对学习者来讲，学习不包括任何发现，只要求其把材料内化或结合进自己的认知结构。

接受学习常被人认为是鹦鹉学舌式的机械学习。奥苏贝尔用有意义学习理论对接受学习进行科学分析，指出它不能与机械学习画等号，而完全可以是有意义的。接受学习是机械的还是有意义的，取决于学习发生的条件。有意义学习需具备两个条件：①学生要具有有意义学习心向，即把新知识与认知结构中原有的适当观念关联起来的意向。②学习材料对学生具有潜在意义，即学习材料具有逻辑意义，可以和学生认知结构中的有关观念联系。这两个条件缺一不可，否则会导致机械学习。这就是说，不管学习的材料内容有多大潜在意义，如果学生的心向是要逐字逐句记住它，学习就可能是机械的；反之，不管学生具有怎样的有意义学习心向，如果学习的材料内容纯属任意的联想，学习也不能是有意义的。教师将有潜在意义的学习材料同学生已有的认知结构联系起来，学生采取相应的有意义学习心向进行学习，在这样条件下发生的学习才是有意义的。

2. 自主学习

由于自主学习是多种心理成分共同参与的一种学习形式，在学习活动中各种心理成分的横向联合和表现有不同的类型，各种心理成分在学习活动本身的纵向发展上也有不同的表现，因而难以给自主学习进行标准化的定义。但是，我们却可以通过各种观点发现自主学习的特点。

1）自主学习是以学习者的主体性发挥为前提的，自主性、自觉性和自为性是其根本特点。

自主学习是针对学习活动中教师是教学的主宰，学生从属于教师的指挥，被动地在教学内容中按部就班进行发展的“大一统”模式所提出来的，其根本目的在于改变这种不注重学生主体性的片面教学，主张学生积极主动地参与到教学中，根据自己的实际情况确定学习发展的步调、方向和程度。所有的这些行为都必须是学生内在动机的表现，是“我要学”而不是“要我学”。

2）自主学习是在学习活动的发展过程中体现出来的，没有学习活动也就没有自主性的发挥。

自主性的发挥是需要一定载体的。对于学习者来说，学习活动本身就是自主性能否成功发挥的媒介。因此，自主学习的认识和评价不能离开学习活动，否则只能是空谈。从过程来说，学习活动包括：学习前的准备工作，如计划制订、问题确定、资料选择、内容确认等；学习进程中的信息加工，如感知信息的获得与分析、记忆与存储、与原有知识的顺应或同化、思维过程的深入等；学习后的评价与反思，如对学习效果的把握、学习程度的确认、自己的不足与成就等。以上三个方面，都渗透了齐默尔曼所极力强调的元认知成分，如自我监控、自我调节等。自主性应该在各个阶段都能得到最充分的体现，但是在表现形式上可能有所不同。也就是说，对于学习前的准备，自主性应该表现在动机的激发与维持上；在学习进程中，自主性主要体现在意志功能的发挥上；在学习后，自主性可能更多地通过自觉反思表现出来。如果学习者在某个阶段缺乏自主性，也不能称之为自主学习。因此，自主学习是学习者在学习活动进程各个阶段自主性发挥的统一。

3）自主学习不仅仅包括自我的成分，它也是多种心理活动协同作用的结果。

参与学习的学习者内部因素主要体现为各种心理成分的协同作用。学习者的自我认识、自我体验和自我控制将对自主学习的性质和方向起决定性作用，没有正确的自我认识，缺乏自主学习的高峰体验，不能控制学习的目的性和方向性，就不可能有真正的自主学习。此外，这些心理成分还包括与心理过程紧密联系的认知、情感、意志活动，也含有与个性心理密切相关的个性心理倾向性和个性心理特征。学习者的兴趣、需要、动机、理想、信念、价值观等因素构成了激发自主学习的动力因素，对于能否维持自主学习也发挥着积极的作用。而学习者的能力、气质、性格对于自主学习的速度、程度和质量也有十分重要的影响。

4）对外界资源有意识地利用与控制也是自主学习的重要表现。

学习者并非在真空中孤立、静止地学习，而是在各种社会关系中、在社会所能提供的外界物理与心理环境中进行的。在学习的过程中，可能存在帮助学习者解决问题的外部资源，也可能存在促进学习者发展的机遇或情境，甚至存在阻断学习者学习行为与结果达成的各种消极影响。在自主学习的要求下，学习者需要对为我所用的资源进行有目的的充分利用，既包括与学习相关的外在资源，如资料的占有与检索、时间资源管理、外在智力资源的合理使用（如求助等），也包括对与学习本身直接关系不大，但如果处理不好会成为影响学习者的因素，如学习氛围、学习环境、多种媒体硬件产品等。同时，也需要尽量控制不良影响的发生，如运用意志努力抑制外在诱惑的影响等。

3. 合作学习

合作学习是世界上许多国家都普遍采用的一种富有创造性和实效性的学习形式，也是改善课堂社会心理气氛，大面积提高学习者学业成绩，促进学习者形成良好的非智力因素，养成合作品质与技能的学习理念之一。人们对合作学习内涵的认识综合起来主要有以下五个方面：

1）合作学习是以小组活动为主体进行的一种教学活动。

2）合作学习是一种同伴之间的合作互助活动。

3）合作学习是一种目标导向活动，是为达成一定的教学目标而开展的。

4）合作学习是以各个小组在达成目标过程中的总体成绩为奖励依据的。

5）合作学习是由教师分配学习任务和控制教学进程的。

4. 探究学习

探究学习是指学生仿照科学研究的过程来学习科学内容，体验、理解和应用科学研究方法，获得科学研究能力的一种学习方式。对这一定义的理解需要把握以下几个方面：

1）创设情境性研究主题是探究学习的重要条件。

2）探究学习的探究类似于科学探究，但二者并不等同。科学探究追求知识的确凿性，目的在于发现并描述物体和事物之间的关系，其过程大多经过形成问题、建立假设、制订研究方案、检验假设、得出结论等几个环节，需要多种技能的支撑。从实质上来看，学生的探究与科学探究相似，都需要思维的广阔性、深刻性、独立性和敏感性，也需要经过从发现问题到解决问题的过程。但是，学生的探究在难度、水平、深度上与科学探究又有所不同。

3）学习者参与探究的方式是自主的、独立的。在这里，学习者参与探究的自主性并不等于单枪匹马或是学习者的个体行为，而是与教师群体相对应的。在学习者的参与中，从确定问题直至解决问题，都是由学习者群体完成的，可能是单个的个体，也可能是合作性探究小组，教师居于辅助、指导的地位，其作用并不特别明显。

4）探究学习的目的在于获得知识、情感、态度、技能。以我国教育部《普通高中“研究性学习”实施指南（试行)》为例，它提出了六个方面的目标：获得亲身参与研究探索的体验；培养发现问题和解决问题的能力；培养收集、分析和利用信息的能力；学会分享与合作；培养科学态度和科学道德；培养对社会的责任心和使命感。因此，探究学习以培养科学素养为目的，既重视知识应用的结果，也重视知识的获得过程。它以学习者为中心，重视全体参与，学习本身是有意义的。因此，探究学习目标体系是多方面、系统化的。

四、任务巩固

1. 轻松一刻

独门秘籍

学习方法既有方法论的普遍性，又有学科的特殊性。在平时的学习中，你有哪些好的学科学习方法？利用这些方法的学习效果如何？

学习__________，我是运用__________________方法，效果________________。

学习__________，我是运用__________________方法，效果________________。

学习__________，我是运用__________________方法，效果________________。

学习__________，我是运用__________________方法，效果________________。

学习__________，我是运用__________________方法，效果________________。

记录下同学中好的学习方法____。

2. 我思我想

我喜欢的学习方式是否适合技校生的学习任务？我打算从哪些方面转变学习方式，提高学习能力？

1. 请用文图的形式展示本项目的知识点。

2. 请运用你学习过的知识，说明张某应该如何去适应技工学校的学习要求。

千里之行始于足下。

要创造更好的未来，必须拥有坚实的地基，对于我们来说，专业学习为我们提供了这样的机会。

专业学习相当于砌砖过程，将直接影响未来的发展。

认识专业、热爱专业，让我们扬起成才的风帆，驶向成功。

专题三

认识职业　选择职业

我们的生命中充满了选择，你的选择不仅和你的心情相关，也和你的命运相关。你选择什么样的生活和工作方式，决定权在你，而你现在的选择则决定了你的未来。选择职业就是在选择你的未来！

项目一 探究职业内涵

情景展示一

某技校计算机专业一年级的新生小丁和小翠很快成为一对好朋友，她俩经常在一起讨论问题，共同学习。这不，两人又在为一个问题争论不休，原来她俩在讨论小丁妈妈的职业呢！小丁一直强调说："我爸爸每个月给我妈妈家用，我妈妈就负责把家里的事情做好，所以妈妈的职业就是家庭主妇！"而小翠则认为"家用"不等于"工资"，所以家庭主妇不是职业。两人为此争论不休……

思考：你能帮助她俩化解这个争论吗？

情景展示二

会计专业的娜娜是个热爱学习的好学生，每天放学后她都会重温一遍老师课堂上讲授的新知识。现在，她正在犯愁呢，原来她在复习今天政治老师在课堂上讲的关于职业的内容时，心里突然冒出个想法：小偷是一种职业吗？她觉得小偷似乎符合职业的概念，可是又觉得小偷不应该是一种职业，至于原因是什么，她想了很久也没想通。她很迷茫……

思考：你能为娜娜拨开脑海中的迷雾吗？

知识目标：

1. 全面理解职业的概念，明确职业的特点。
2. 认清职业对个人、对家庭、对社会的重要作用。
3. 重视未来职业选择。

任务一 任务描述

任务实施

根据自己的理解列举身边的职业，并总结不同职业的共同点，概括出职业的概念，完成任务书Ⅰ。

《探究职业内涵》任务书Ⅰ

班别_______ 组别_______ 完成时间_______

任务	任务要求	组员姓名	任务分工	得分
概括职业的概念	根据自己的理解列举身边的职业，并总结不同职业的共同点，概括出职业的概念	组长：	统筹全组工作	
		演讲高手：	代表小组发言	
		“精明眼”A：	列举身边职业并总结其共同点	
		“精明眼”B：	列举身边职业并总结其共同点	
		“精明眼”C：	列举身边职业并总结其共同点	
		书记员：	文字记录及资料整理	
列举身边的职业				
总结不同职业的共同点，概括职业的概念	不同职业的共同点： 职业的概念：			
师生总结				

任务二 任务描述

探寻家庭的经济来源，理解职业的概念，完成任务书Ⅱ。

任务实施

《探究职业内涵》任务书Ⅱ

班别_______ 组别_______ 完成时间_______

任务	任务要求	组员姓名	任务分工	得分
探寻家庭的经济来源，理解职业的概念	每个同学从自身角度出发，说明自己家庭的经济来源，并讨论经济来源与职业的关系	组长：	统筹全组工作	
		演讲高手：	代表小组发言	
		概括总结：	寻找个人发表的观点的共同点	
		书记员：	文字记录及资料整理	
个人观点	1. 2. 3. 4. 5.			
总结讨论	1. 各个家庭的经济来源可归结为什么？这说明了什么？ 2. 对比保姆和家庭主妇的区别：			
师生总结				

任务三 任务描述

利用网络搜索现在的热门职业，完成任务书Ⅲ。

任务实施

《探究职业内涵》任务书Ⅲ

班别______ 组别______ 完成时间______

<table>
<tr><th>任　务</th><th>任务要求</th><th>组员姓名</th><th>任务分工</th><th>得分</th></tr>
<tr><td rowspan="5">寻找热门职业</td><td rowspan="5">利用网络寻找十年前及现在最热门的职业</td><td>组长：</td><td>统筹全组工作</td><td rowspan="5"></td></tr>
<tr><td>演讲高手：</td><td>代表小组发言</td></tr>
<tr><td>情报专家：</td><td>寻找最热门的职业</td></tr>
<tr><td>监督专员：</td><td>监督并协助情报专家收集信息</td></tr>
<tr><td>书记员：</td><td>文字记录及资料整理</td></tr>
<tr><td rowspan="2">最热门的职业有哪些</td><td colspan="2">十年前热门的职业（五个）</td><td colspan="2">现在热门的职业（五个）</td></tr>
<tr><td colspan="2"></td><td colspan="2"></td></tr>
<tr><td>讨论思考</td><td colspan="4">热门的职业是一成不变的吗？这说明职业具有什么特点？</td></tr>
<tr><td>师生总结</td><td colspan="4"></td></tr>
</table>

任务四 任务描述

探索职业的作用，完成任务书Ⅳ。

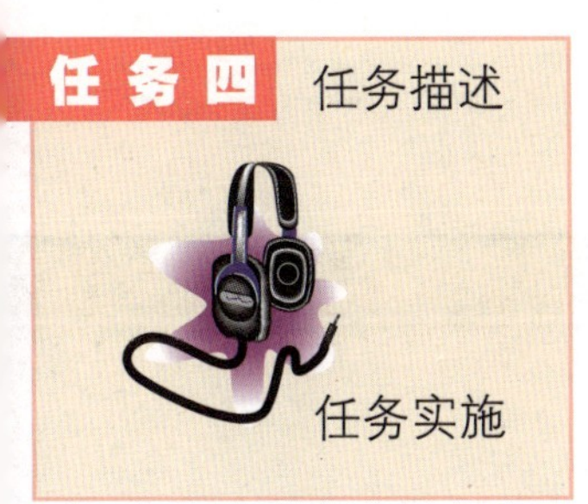

任务实施

《探究职业内涵》任务书Ⅳ

班别________ 组别________ 完成时间________

任务	任务要求	组员姓名	任务分工	得分
探索职业的作用	讨论：如果“我”家里所有人都不从事任何职业，结果会如何	组长：	统筹全组工作	
		演讲高手：	代表小组发言	
		书记员：	文字记录及资料整理	
讨论思考	如果我家里所有人都不从事任何职业了，会有什么样的结果？ 从自身角度： 从家庭角度： 从社会角度：			
讨论总结	通过讨论，你能总结出职业的作用吗？			
师生总结				

知识点一：职业的概念

职业是参与社会分工，利用专门的知识和技能，为社会创造物质财富和精神财富，获得合理报酬，作为物质生活来源，并满足精神需求的工作。对于职业可以从以下方面进行深入理解：

1）与人类的需求和职业结构相关，强调社会分工。

2）与职业的内在属性相关，强调利用专门的知识和技能。

3）与社会伦理相关，强调创造物质财富和精神财富，获得合理报酬。

4）与个人生活相关，强调物质生活来源，并满足精神生活需求。

知识点二：职业的特点

1. 专业性

社会不断进步，职业对劳动者的要求越来越高，不同的职业有不同的专业技术要求，并且对某些责任较大、社会通用性强、关系公共利益的专业实行准入控制。

2. 多样性

由于社会分工越来越细，因此职业的种类也越来越多。

3. 技术性

随着劳动就业制度的完善，从事某一职业必须具备相应的知识、技术和能力。

4. 时代性

随着社会的发展和进步，职业变化迅速，除了弃旧更新外，不同的时代有不同的热门职业。我国曾出现过的“当兵热”“从政热”，后又发展到“下海热”“外企热”等，都反映出特定时期人们对某种职业的热衷程度。

知识点三：职业的作用

1. 职业是决定人们生活方式的基础

职业生活是人生的重要组成部分。人们通过从事一定的职业来换取劳动报酬，满足谋生的需要，同时也积累了个人的财富。不同的职业有不同的劳动报酬，从这个意义上来说，职业决定着就业者的生活方式。

2. 职业是实现个人价值的手段

职业不仅是人们维持物质生活所需的工作，而且通过社会实践，为他人和社会做出应有的贡献，从而实现个人的人生价值。职业不仅是个人的主要经济来源，也是个人获得名誉、权力和地位等各种非经济利益的来源。

3. 职业是完善人们个性的手段

人的个性会制约对职业的选择，因此人们择业时会讲究“人职匹配”“先天优势”。但性格不是一成不变的，它具有可塑性，受社会生活环境的影响，通过后期的实践活动，人的职业个性可以随着职业的需求做适当调整，以针对自身的弱点，弥补不足，完善个性，提高生存能力。

4. 职业是推动社会进步的动力

1）职业是社会存在的内容：职业分工及其结构，构成了社会经济制度运行的主体，职业劳动创造出社会财富，也为社会的存在与发展奠定了物质基础。

2）职业是社会发展的动力：职业结构变动及人们为追求未来的“好职业”而进行的人力投资，成了推动社会进步的动力。

3）职业是维持社会稳定、实现社会控制的手段：职业是人的重要生活方式，“充分就业”就可减少社会问题，维护社会稳定。

知识点四：热门职业的特点

热门职业是相对而言的，是随着社会的发展而变化的。但从总体上来说，热门职业主要包含以下几个类型：薪水高的职业、声望高的职业、稳定性强的职业、发展前景好的职业。

热门职业预测

专家估计，21 世纪我国热门职业将朝着以下 10 个方向发展：

（1）软件开发、硬件维护、网络集成等高层次计算机科技类职业。

（2）通信工程、无线电技术等电子工程类职业。

（3）农科类职业。

（4）金融、房地产、信息咨询等第三产业。

（5）政法类职业。

（6）师范、医科类职业。

（7）环境类职业。

（8）院外医疗业。

（9）美容职业。

（10）国际商务策划师。

知识点五：关于职业的分类

1）我国唐代的“三十六行”分别指：肉肆行、宫粉行、成衣行、玉石行、珠宝行、丝绸行、麻行、首饰行、纸行、海味行、鲜鱼行、文房用具行、茶行、竹木行、酒米行、铁器行、顾绣行、针线行、汤店行、药肆行、扎作行、仵作行、巫行、驿传行、陶土行、棺木行、皮革行、故旧行、酱料行、柴行、网罟行、花纱行、杂耍行、彩兴行、鼓乐行和花果行。

2）1988 年修订的第三版《国际标准职业分类》将职业分为 10 个大类、28 个中类、116 个小类和 390 个细类。其特点是按技能等级水平进行分类，且中、小、细类概括性强。

3）我国第一部《中华人民共和国职业分类大典》颁布于 1999 年。由于经济社会的不断发展，我国社会职业构成发生了很大变化。为适应发展需要，2010 年年底，人力资源和社会保障部会同国家质检总局、国家统计局牵头成立了国家职业分类大典修订工作委员会及专家委员会，启动修订工作，历时五年，七易其稿，形成了会议审议通过的新版《大典》。2015 年新版《大典》职业分类结构为 8 个大类、75 个中类、434 个小类、1481 个职业。与 99 版相比，维持 8 个大类、增加 9 个中类和 21 个小类，减少 547 个职业。

四、任务巩固

1. **轻松一刻**

游戏一——超级无敌职业门

1）把黑板分成 A、B 两大区域，把全班同学分成两个大组进行比赛，看看哪组同学知道的职业最多。

2）组内任何一个组员都可以在黑板上自己组的区域内写下自己知道的职业，但同一时间只能一个代表在台上写职业。

3）在规定的时间内，写得多的一组获胜。

游戏二——找错误

1）将学生分成几个小组，教师为他们创设一个新的环境。

2）发给每个小组一张卡片，上面写有三条有关职业的说明。告诉他们，每组的三条说明中都有一条是错误的，目的就是通过讨论辨别出它们。

2. **我思我想**

思考一：请列出职业的特点及作用。

思考二：请判断志愿者是否是一种职业。

1. 请发挥创意，以鱼骨图、树形图或其他图形总结本项目知识点。

2. 请填写你对以下知识点的理解。

知 识 点	课 前	课 后
职业概念		
职业特点		
职业作用		
未来职业的选择		

项目二 了解专业影响

情景展示一

某职业院校举办职业生涯规划大赛，一名汽车检测与维修专业的男生小A不以为然地说："我学的是汽车检测与维修专业，以后出来就是做汽车维修工，还有什么好规划的?"有人问："那你了解汽车维修工这个岗位吗?"他回答得很干脆："只要把专业学好了，还怕出来找不到维修工的工作吗?"

思考：学什么专业就从事什么职业，真的是这样吗?

情景展示二

小龙是今年毕业的中职学生，在学校所学的专业是计算机网络管理。他在校学习成绩优异，技术过硬，因此他对自己充满信心，拿着毕业证和技能证，踌躇满志地冲向人才市场。可是，一连参加了好几次人才招聘会，他都没有找到合适的工作，甚至连一份简历也没有投出去。原来他只想找与专业对口的工作，可是偏偏这些工作都需要工作经验，而别的工作他又不愿意做，所以直到现在他还是赋闲在家。

思考：如果你是小龙，你会怎么做？

知识目标：

1. 认识自己所学专业对应的职业群及其发展前景。
2. 了解本专业对应的职业群的大致工作内容和工作要求。
3. 明确所学专业对将来职业选择的影响，并及早规划职业，储备资本。

二、任务实施

任务一 任务描述

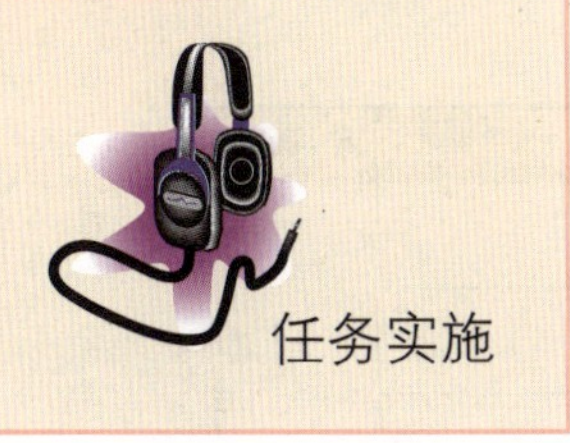

任务实施

利用各方面资源，搜索自己所学专业能够胜任的职业，完成任务书Ⅰ。

《了解专业影响》任务书Ⅰ

班别_______　组别_______　完成时间_______

任务	任务要求	组员姓名	任务分工	得分
搜索你所学专业能够胜任的职业	群策群力，通过网络查询、向亲友咨询等方式搜索所学专业能够胜任的职业	组长：	统筹全组工作	
		演讲高手：	代表小组发言	
		情报专家1：	负责利用网络收集信息	
		情报专家2：	负责利用网络收集信息	
		书记员：	文字记录及资料整理	
你所学的专业能够胜任的职业有哪些				
补充他组的想法	我们暂时没有想到，但其他组想到的与专业相关的职业：			
师生总结				

任务二 任务描述

任务实施

按相关程度对任务Ⅰ中搜索到的职业由近至远进行排列，完成任务书Ⅱ。

《了解专业影响》任务书Ⅱ

班别______ 组别______ 完成时间______

<table>
<tr><th>任　务</th><th>任务要求</th><th>组员姓名</th><th>任务分工</th><th>得分</th></tr>
<tr><td rowspan="3">对职业进行排列</td><td rowspan="3">按相关程度对任务书Ⅰ中搜索到的职业由近至远进行排列</td><td>组长：</td><td>统筹全组工作</td><td rowspan="3"></td></tr>
<tr><td>演讲能手：</td><td>代表小组发言</td></tr>
<tr><td>书记员：</td><td>文字记录及资料整理</td></tr>
<tr><td>思考讨论</td><td colspan="4">1. 必须具备你所学专业技术知识的职业：

2. 属于触类旁通的，与所学专业相关的职业：

3. 不强调专业性的，通过培训就能上岗的职业：</td></tr>
<tr><td>师生总结</td><td colspan="4"></td></tr>
</table>

任务三 任务描述

总结职业的岗位要求及工作内容，完成任务书Ⅲ。

任务实施

《了解专业影响》任务书Ⅲ

班别_______ 组别_______ 完成时间_______

<table>
<tr><th>任　务</th><th>任务要求</th><th>组员姓名</th><th>任务分工</th><th>得分</th></tr>
<tr><td rowspan="6">总结职业岗位的要求及工作内容</td><td rowspan="6">总结任务书Ⅱ中确定的与专业最近的三个职业的岗位要求及工作内容</td><td>组长：</td><td>统筹全组工作</td><td rowspan="6"></td></tr>
<tr><td>演讲能手：</td><td>代表小组发言</td></tr>
<tr><td>情报专家1：</td><td>搜索职业1的岗位要求及工作内容</td></tr>
<tr><td>情报专家2：</td><td>搜索职业2的岗位要求及工作内容</td></tr>
<tr><td>情报专家3：</td><td>搜索职业3的岗位要求及工作内容</td></tr>
<tr><td>书记员：</td><td>文字记录及资料整理</td></tr>
<tr><td>各职业岗位要求及工作内容</td><td colspan="4"><table><tr><td>职业名称</td><td></td><td></td><td></td></tr><tr><td>工作内容</td><td></td><td></td><td></td></tr><tr><td>岗位要求</td><td></td><td></td><td></td></tr><tr><td>发展前景</td><td></td><td></td><td></td></tr></table></td></tr>
<tr><td>总结职业的岗位要求及工作内容</td><td colspan="4"></td></tr>
<tr><td>师生总结</td><td colspan="4"></td></tr>
</table>

知识点一：专业与职业的关系

专业和职业的关系包括以下三个方面。

1）一个专业可以对应一个职业群，甚至是几个相关的职业群。例如，模具专业对应的职业群为：模具设计、模具制造、模具组装与调试、模具维护与维修等。

2）职业群一般由基本操作技能相通，工作内容、社会作用及从业者所应该具备的素质接近的若干个职位所构成。

3）无数的事实证明：一个人无论是主动还是盲从而选择了某一学科，他都无法保证这个专业一定是自己将来要从事的职业或事业。

知识点二：就业准入制度

就业准入制度是指根据《中华人民共和国劳动法》和《中华人民共和国职业教育法》的有关规定，从事技术复杂、通用性强、涉及国家财产、人民生命安全和消费者利益的职业（工种）的劳动者，必须经过培训，并取得职业资格证书后，方可就业上岗。

知识点三：常见专业与职业对应

机电专业：机电一体化专业人才是目前就业领域最宽的专业之一。机电一体化技术是在机、光、电、自动控制和检测、计算机应用等学科相结合的基础上建立起来的一门综合性应用技术，该专业主要培养能进行机电一体化技术应用，并具有初步设计开发能力的中级工程技术人才。

伴随经济全球化，我国制造业成为国民经济的核心，而机电一体化成为制造业发展的“发动机”，机电一体化技术人才的需求量大幅度提高，该专业毕业生主要面向全国各企业、公司，从事加工制造业，家电生产和售后服务，数控加工机床设备使用维护，物业自动化管理系统，机电产品设计、生产、改造、技术支持，以及机电一体化设备的安装、调试、维修、销售及管理，普通机床的数控化改装等工作。

汽修专业：汽车维修专业是一个比较热门的专业。随着中国社会的发展，汽车数量的增加，汽车维修人员的缺乏，需要一批专业强、素质高的维修人员。该专业毕业生适宜从事汽车检测与维修、汽车保险、汽车驾驶、汽车营销等职业，也可从事与汽车相关行业的经营与管理等工作。

计算机专业：该专业不但要求学生掌握计算机基本理论和应用开发技术，具有一定的理论基础，同时又要求学生具有较强的实际动手能力。该专业毕业生毕业后能在企业、政府部门从事计算机应用以及计算机网络系统的开发、维护等工作。

酒店管理专业：要求学生掌握经济管理基础理论，以及酒店、餐饮与旅游基础知识，具备酒店基本管理与服务能力。学生毕业后可在以下岗位从事工作：

各类酒店、饭店、宾馆的门迎、前厅接待人员和客房服务人员；

各类旅游公司、旅游管理部门工作人员；

各类酒店、饭店、宾馆楼层管理、大堂管理、咨询、会展等工作；

各类酒店、饭店、宾馆商务部门的业务洽谈、对外联络服务工作；

各类酒店、饭店、宾馆商务部门的市场调查、情报收集、信息服务等工作。

会计专业：该专业毕业生一般是到会计师事务所、金融机构、各类企事业单位、政府机关以及有关部门从事会计、财务、审计等实务工作。

物流专业：物流专业的毕业生就业前景良好，可作为物流系统化管理人才、物流企业经营管理人才、进出口贸易业务的专业操作人才、熟悉国内进出口市场业务的中介人才、电子商务物流人才、物流软件开发设计人才、商务谈判代表和外语人才等。

数控专业：随着制造业信息化工程的进一步推进，利用高新技术和先进适用技术改造提升传统产业，提高企业的技术装备水平和产品竞争力，制造设备的大规模数控化，社会对数控技术人才的需求进一步增加。该专业毕业生可从事生产管理，机械产品设计，数控编程与加工操作，数控设备安装、调试与操作，数控设备故障诊断与维修、改造及售后服务等工作。

1. 轻松一刻

游戏——乒乓球大 PK

1）全班同学分成两个大组进行比赛，每组派代表参赛，进行乒乓球 PK 赛，将乒乓球成功打到对方球台并能讲出自己专业对应职业的可得 1 分，否则不得分，组员可提醒。

2）把黑板分成 A、B 两大区域，组员把参赛代表提到的职业写在黑板上。

3）3 轮比赛后总分高者为胜。

2. 我思我想

思考一：如果你是情景一中职业生涯规划大赛中的评委老师，你还会提出什么问题，以引导小 A 重视职业生涯规划？

思考二：如果你是情景二中的小龙，学习了本项目的知识后，有何打算？

一、…… 二、…… 三、…… 四、……

五、任务反馈

1. 认真思考、讨论，各组以最简洁、明了的图文展示本项目的知识点。

2. 请理顺本项目的知识点，并填写下表。

知　识　点	课 前 理 解	课 后 理 解
所学专业对应的职业群		
专业对口职业的工作内容及要求		
所学专业对职业选择的影响		

项目三 认知个人因素

一、任务布置 二、… 三、… 四、… 五、…

小欢是电子商务专业学生，她热情开朗，能言善辩，平易近人，人际交往能力强。她知道自己的个性很适合从事销售工作，因此她选择了电子商务专业，为自己将来走向销售行业奠定基础。

情景一

思考：你觉得小欢的选择合适吗？这说明了什么？

情景二

小明学习的是汽车维修专业，他非常喜欢这个专业，并且很用心地学习专业知识，曾经代表学校参加市属技校的汽车技能竞赛并获得了一等奖的好成绩。凭着自己突出的专业技能，小明毕业后得到众多企业的青睐，很快便通过了一家大型企业的面试。该企业提供了两个岗位供其选择：一个是汽车维修工，另一个是汽车销售。他现在很矛盾……他是一个比较内向的男孩子，不善于与人沟通，比较沉稳，喜欢独立思考完成工作。

思考：你能给小明一些建议吗？并进行详细分析。

知识目标：通过本项目的学习，学生能够：

1. 再次科学评估自己，懂得从自己的个性出发选择职业。
2. 明确家庭因素是影响个人职业选择的重要因素。
3. 学会使用 SWOT 分析法指导自己进行职业选择。

任务一 任务描述

任务实施

联系专题一认识自我，发展自我的内容，总结“我”的个性，完成任务书Ⅰ。

《认知个人因素》任务书Ⅰ

班别_______ 组别_______ 完成时间_______

<table>
<tr><th>任　务</th><th>任务要求</th><th>组员姓名</th><th>任务分工</th><th>得分</th></tr>
<tr><td rowspan="3">总结“我”的个性</td><td rowspan="3">结合专题一的学习，自我总结与他人评价并举，总结自己的个性（职业兴趣、职业能力方面）</td><td>组长：</td><td>统筹全组工作</td><td rowspan="3"></td></tr>
<tr><td>演讲高手：</td><td>代表小组发言（总结在完成任务过程中的注意事项）</td></tr>
<tr><td>书记员：</td><td>文字记录及资料整理</td></tr>
<tr><td>自我总结（公开自述并记录他人的）</td><td colspan="4">组员 A：
组员 B：
组员 C：
组员 D：
组员 E：</td></tr>
<tr><td rowspan="2">组员互评（每个组员对其他组员的了解）</td><td>组员 B 心目中的“我”</td><td>组员 C 心目中的“我”</td><td>组员 D 心目中的“我”</td><td>组员 E 心目中的“我”</td></tr>
<tr><td></td><td></td><td></td><td></td></tr>
<tr><td>师生总结</td><td colspan="4">结合自我总结和他人评价，探索自己在职业兴趣及职业能力方面的特点：</td></tr>
</table>

任务二 任务描述

任务实施

根据自己的个性特点，列出适合自己的职业，并总结个性对职业选择的影响，完成任务书Ⅱ。

《认知个人因素》任务书Ⅱ

班别______ 组别______ 完成时间______

任务	任务要求	组员姓名	任务分工	得分
总结个性对职业选择的影响	根据自己的个性特点，列出自己适合的职业，再进行组内讨论并总结个性对职业选择的影响（可利用网络）	组长：	统筹全组工作	
		演讲能手：	代表小组发言（说明个性与职业的关系）	
		书记员：	文字记录及资料整理	
从“我”的个性出发选择适合自己的职业	利用网络搜索寻找自己适合从事哪些类型的工作，这些类型的职业主要有：			
帮助每个组员对列出的职业进行把关	我觉得你很适合______职业，理由是______ 我觉得你的个性似乎跟这个职业不太吻合，因为______ （个人在自己的任务书中记录）			
个性与职业的关系				
师生总结				

任务三 任务描述

任务实施

综合考虑与专业相关的职业群和与自己个性相吻合的职业群，找出共同的职业，完成任务书Ⅲ。

《认知个人因素》任务书Ⅲ

班别________　　组别________　　完成时间________

<table>
<tr><th>任　　务</th><th>任务要求</th><th>组员姓名</th><th>任务分工</th><th>得分</th></tr>
<tr><td rowspan="3">确定个人职业</td><td rowspan="3">综合考虑与专业相关的职业群和与自己个性相吻合的职业群，找出共同的职业</td><td>组长：</td><td>统筹全组工作</td><td rowspan="3"></td></tr>
<tr><td>演讲能手：</td><td>代表小组发言</td></tr>
<tr><td>书记员：</td><td>文字记录及资料整理</td></tr>
<tr><td>与专业对应的职业群（A）</td><td colspan="4"></td></tr>
<tr><td>与个性对应的职业群（B）</td><td colspan="4"></td></tr>
<tr><td>A、B 项共同的职业</td><td colspan="4"></td></tr>
<tr><td>师生总结</td><td colspan="4">如果能找出共同的职业，你会怎么做？

如果专业职业群与个性职业群没有共同点，你又会怎么处理？</td></tr>
</table>

任务四 任务描述

任务实施

分析“我”的环境，完成任务书Ⅳ。

《认知个人因素》任务书Ⅳ

班别_______ 组别_______ 完成时间_______

任 务	任务要求	组员姓名	任务分工	得分
分析“我”的环境	根据实际情况，分析“我”的环境	组长：	统筹全组工作	
		演讲高手：	代表小组发言（环境对职业）	
		书记员：	文字记录及资料整理	
分析“我”的多方面环境	家庭环境（家庭经济条件如何，是否支持“我”选择任务书Ⅲ中的共同职业） 学校环境（学校的名气、学校对专业的重视程度对任务书Ⅲ中的共同职业是否有利） 社会环境（任务书Ⅲ中的共同职业的发展前景如何）			
组员讨论，互相帮助，共同协商	“我”的分析是否全面？如果是我，我会……			
师生总结				

任务五 任务描述

尝试利用SWOT矩阵图进行分析，完成任务书Ⅴ。

任务实施

《认知个人因素》任务书Ⅴ

班别________　　组别________　　完成时间________

<table>
<tr><th>任　务</th><th>任务要求</th><th>组员姓名</th><th>任务分工</th><th>得分</th></tr>
<tr><td rowspan="3">利用SWOT矩阵图进行职业分析</td><td rowspan="3">利用SWOT矩阵图分析比较任务书Ⅲ中的共同职业，做出决策</td><td>组长：</td><td>统筹全组工作</td><td rowspan="3"></td></tr>
<tr><td>演讲能手：</td><td>代表小组发言（发表选择的理由总结）</td></tr>
<tr><td>书记员：</td><td>文字记录及资料整理</td></tr>
<tr><td rowspan="4">填写SWOT矩阵图</td><td colspan="2">自身内部因素</td><td colspan="2">发展环境</td></tr>
<tr><td colspan="2">优势（S）</td><td colspan="2">机会（O）</td></tr>
<tr><td colspan="2">劣势（W）</td><td colspan="2">威胁（T）</td></tr>
<tr><td colspan="4">说明：
对你将要选择的职业而言，你自身有哪些优势？把答案记在“S”中。
对你将要选择的职业而言，你自身有哪些劣势？把答案记在“W”中。
对你将要选择的职业而言，外部环境中有哪些可能的需求或机会？把答案记在“O”中。
对你将要选择的职业而言，外部环境中有哪些不利于你的因素？把答案记在“T”中。</td></tr>
<tr><td>总结讨论</td><td colspan="4">完成SWOT矩阵图后，找出最适合你的职业是：

你为什么这样选择？</td></tr>
<tr><td>师生总结</td><td colspan="4"></td></tr>
</table>

知识点一：个性对职业选择的影响

心理学家一直在关注个性与职业间的关系，他们认为个性与职业存在着一种关联。帕森斯（Parsons）和威廉森（Williamson）创立的特性—因素论认为个体差异现象普遍地存在于个人心理与行为中，每个人都具有自己独特的能力模式和个性特征。而某种能力模式及个性模式又与某些特定职业存在着关系，如果个性适宜于某种职业，那么个体就能感到满足，并能创造出良好的工作绩效。

霍兰德职业兴趣类型显示，多数人的个性和环境可以区分为六种类型：现实型，研究型，艺术型，社会型，企业型和常规型。每一特定类型个性的人会对相应职业类型中的工作感兴趣。如果个性与环境不和谐，则该环境或职业无法提供个人的能力与兴趣所需的机会与奖励，一个人在与其个性类型一致的环境中工作，容易感到乐趣和内在的满足，最可能充分发挥自己的才能。如果个体选择与其个性类型相斥的职业，则既不能感到乐趣，也很难适应，甚至无法胜任工作。

知识点二：环境对职业选择的影响

1. 家庭环境因素

家庭是人的生活的重要场所，一个人的家庭是造就其素质以致影响职业生涯的主要因素之一。家长是孩子做人的第一任老师，家庭是孩子生活的第一所学校。

日本性格心理学家诧摩武俊研究了母亲教养的态度与孩子性格之间的关系后指

出，对于一个人理想的树立，人生观的形成，道德品质的特征，尤其是性格的形成方面，家长的影响是十分明显的，结果见下表。

母亲的态度	孩子性格
支配的	消极、服从、无主动性、依赖、温和
溺爱的	任性、反抗、幼稚、神经质
保护的	缺乏社会性、深思、亲切、非神经质、情绪稳定
照管过甚	幼稚、依赖、神经质、被动、胆怯
顺应的	无责任心、不服从、攻击性、粗暴
忽视的	冷酷、攻击、情绪不稳定、创造性强、社会性
民主的	独立、直爽、协作、亲切、社交
拒绝的	神经质、反社会、粗暴、企图引人注意、冷淡
残酷的	执拗、冷酷、神经质、逃避、独立
专制的	依赖、反抗、情绪不稳定、以自我为中心、大胆

2. 社会环境因素

每个年代的职业声望排序，都对填报高考志愿和就业选择具有不可否认的重要影响。不同的社会环境所给予个人的职业信息也不同，人们在职业选择问题上受社会因素的影响较大。

在社会经济发展日益市场化的背景下，职业选择必然要受到社会环境的极大影响和制约，其中包括社会的政治环境、经济环境、文化环境、科技环境和教育环境。社会环境中流行的工作价值观、政治经济形势、社会产业结构的调整与变动、用人政策管理体制的变化、社会劳动力市场人才的需求与变化、对职业岗位的认同等因素，无疑会对个人职业规划决策产生重要影响。

3. 学校环境因素

学校环境是指个人所处学校的类型、层次、声誉、规模等基本情况，以及办学特色等都会对个人的职业选择带来影响的因素。

四、任务巩固

1. 轻松一刻

游戏——你像哪种动物

每个人都有自己独特的性格，动物也是一样，有些时候，你会惊奇地发现，你的性格跟某种动物在某种程度上很相像。

1）将各种各样的动物漫画拿给学生看，让学生分别描述不同动物的性格，主要是当它们遇到危险时的反应。例如，乌龟遇到危险以后，就会缩到壳里；家狗遇到外人就会“汪汪汪”地叫。

2）让学生回想一下，当他们面对矛盾的时候会有什么第一反应？这一点和漫画中的哪种动物最像？如果漫画里面没有，也可以找其他的动物，最主要是要言之有理。

3）让每个人描述一下他所选择的动物性格，并说出理由。例如：“我像刺猬，看上去浑身长满刺，很难惹的样子，其实我很温驯。”

2. 我思我想

请从自己的个性出发，排出前五个职业选择，然后再从环境和专业的角度分析，哪个选择更科学，将结果填入下表中。

从个性出发的选择	专业是否符合	环境是否支持		
第一选择				
第二选择				
第三选择				
第四选择				
第五选择				

结果显示“我”应该选择的是：________________

原因是：________________

____

____

1. 各组讨论，共同形成本项目知识总结图。

2. 请独立填写学习前后对照表。

知 识 点	学 习 前	学 习 后
个人因素对职业选择的影响		
环境对职业选择的影响		
SWOT 分析法的使用		

职业是决定生活方式的基础

职业是实现个人价值的手段

职业是完善人们个性的手段

职业是推动社会进步的动力

正确认识职业，客观选择职业助我们成就未来！

实训工场　走进职业

实训题目：

同学们大胆地跨出校门走进社会，尝试去调查与所读专业相关的某些职业，了解该职业的工作环境是怎样的，工作内容与要求是什么，行业成功人士有哪些。调查回来以后，整理调查材料，归纳自己的认识，小组协作制作一份手抄报向全班同学汇报交流。

一、组建工作小组

1. 小组名称：________

2. 分工（汇总填入下表）

分　工	成　员	主要职责
组长		负责全面组织、协调调查和手抄报制作工作
调查员	全员参与	负责开展调查，搜集与题目相关的资料
资料员		负责全面整理、分析资料，供制作手抄报用
手抄报制作组		负责制作手抄报

二、实施步骤

步　骤	内　容	负责人
1	召开工作沟通会议	组长

本小组要调查的职业是：________________________________

本次调查工作的要求有：________________________________

是否做好分工安排：________________________________

⇩

步　骤	内　容	负责人
2	制订工作计划	组长

调查目的：________________________________

调查方式：________________________________

时间安排：________________________________

调查内容：行业环境、工作内容、所需能力要求、工作时间、基本薪金、成功人士案例

⇩

步　骤	内　容	负　责　人
3	开展调查	组长、调查员

要求：运用多种调查方法，如实地考察法、访谈法、资料搜集法等。

步　骤	内　容	负　责　人
4	整理并分析数据	组长、资料员

要求：整理调查所收集的资料，进行数据分析、材料筛选，供手抄报制作用。

步　骤	内　容	负　责　人
5	制作手抄报	手抄报制作组

要求：汇集全员智慧和力量，制作最优秀的手抄报。

三、活动感受

1. 在整个活动中，“我”的表现：

____

____

____

____

2. 在整个活动中，同伴的表现：

____

____

____

____

3. 在活动中，“我”有何疑惑？团队遇到了哪些难题？

____

____

____

____

4. 在活动过程中，“我”是否学以致用了？

5. 如果再一次进行同样的活动，“我”将会怎么做？

“我”的其他感受：

四、作品展示

附　录

附录 A　职业索引

RIA：牙科技术员、陶工、建筑设计员、模型工、细木工、制作链条人员。

RIS：厨师、林务员、跳水员、潜水员、染色员、电器修理工、眼镜制作工、电工、纺织机器装配工、服务员、装玻璃工人、发电厂工人、焊接工。

RIE：建筑和桥梁工程、环境工程、航空工程、公路工程、电力工程、信号工程、电话工程、一般机械工程、自动工程、矿业工程、海洋工程、交通工程技术人员、制科员、家政经济人员、计量员、农民、农场工人、农业机器操作工、清洁工、无线电修理工、汽车修理、手表修理、管子工、线路装配工、工具仓库管理员。

RIC：船上工作人员、接待员、杂志保管员、牙医助手、制帽工、磨坊工、石匠、机器制造人员、机车（火车头）制造人员、农业机器装配人员、汽车装配工、缝纫机装配工、钟表装配和检验人员、电动器具装配人员、鞋匠、货物检验员、电梯机修工、托儿所所长、钢琴调音员、装配工、印刷工、建筑钢铁工人、货车驾驶员。

RAI：手工雕刻工人、玻璃雕刻工人、制作模型人员、家具木工、制作皮革品工人、手工绣花工人、手工钩针编织工人、排字工人、印刷工人、图画雕刻工人、装订工。

RSE：消防员、交通巡警、警察、门卫、理发师、房间清洁工、屠夫、锻工、开凿工人、管道安装工、出租汽车驾驶员、货物搬运工、送报员、勘探员、娱乐场所的服务员、起卸机操作工、灭害虫者、电梯操作工、厨房助手。

RSI：纺织工、编织工、农业学校教师、某些职业课程教师（诸如艺术、商业、技术、工艺课程)、雨衣上胶工。

REC：抄水表员、保姆、实验室动物饲养员、动物管理员。

REI：轮船船长、航海领航员、大副、试管实验员。

RES：旅馆服务员、家畜饲养员、渔民、渔网修补工、水手长、收割机操作工、搬运行李工人、公园服务员、救生员、登山导游、火车工程技术员、建筑工人、铺轨工人。

RCI：测量员、勘测员、仪表操作者、农业工程技师、化学工程技师、民用工程技师、石油工程技师、资料室管理员、探矿工、煅烧工、烧窑工、矿工、保养工、磨床工、取样工、样品检验员、纺纱工、炮手、漂洗工、电焊工、锯木工、刨床工、制帽工、手工缝纫工、油漆工、染色工、按摩工、木匠、农民建筑工人、电影放映员、勘测员助手。

RCS：公共汽车驾驶员、一等水手、游泳池服务员、裁缝、建筑工人、石匠、烟囱修建工、混凝土工、电话修理工、爆炸手、邮递员、矿工、裱糊工人、纺纱工。

RCE：打井工、吊车驾驶员、农场工人、邮件分类员、铲车驾驶员、拖拉机驾驶员。

IAS：普通经济学家、农场经济学家、财政经济学家、国际贸易经济学家、实验心理学家、工程心理学家、心理学家、哲学家、内科医生、数学家。

IAR：人类学家、天文学家、化学家、物理学家、医学病理学家、动物标本制作者、化石修复者、艺术品管理员。

ISE：营养学家、饮食顾问、火灾检查员、邮政服务检查员。

ISC：侦察员、电视播音室修理员、电视修理服务员、验尸室人员、编目录者、医学实验室技师、调查研究者。

ISR：水生生物学者、昆虫学者、微生物学家、发展心理学家、配镜师、矫正视力者、细菌学家、牙科医生、骨科医生。

ISA：实验心理学家、普通心理学家、发展心理学家、教育心理学家、社会心理学家、临床心理学家、目录学家、皮肤病学家、神经病学家、妇产科医生、眼科医生、五官科医生、医学实验室技术专家、民航医务人员、护士。

IES：细菌学家、生理学家、化学专家、地质专家、地理物理学专家、纺织技术专家、医院药剂师、工业药剂师、药房营业员。

IEC：档案保管员、保险统计员。

ICR：质量检验技术员、地质学技师、工程师、法官、图书馆技术辅导员、计算机操作员、医院听诊员、家禽检查员。

IRA：地理学家、地质学家、水文学家、矿物学家、古生物学家、农业科学家、动物学家、食品科学家、园艺学家、植物学家、细菌学家、解剖学家、动物病理学家、植物病理学家、药物学家、生物化学家、生物物理学家、细胞生物学家、临床化学家、遗传学家、分子生物学家、质量控制工程师、地理学家、兽医、放射治疗技师。

IRS：流体物理学家、物理海洋学家、等离子体物理学家、农业科学家、动物学家、食品科学家、园艺学家、植物学家、细菌学家、解剖学家、动物病理学家、作物病理学家、药物学家、生物化学家、生物物理学家、细胞生物学家、临床化学家、遗传学家、分子生物学家、质量控制工程师、地理学家、兽医、放射性治疗技师。

IRE：化验员、化学工程师、纺织工程师、食品技师、渔业技术专家、材料和测试工程师、电气工程师、土木工程师、航空工程师、行政官员、冶金专家、原子核工程师、陶瓷工程师、地质工程师、电力工程量、口腔科医生、牙科医生。

IRC：飞机领航员、飞行员、物理实验室技师、文献检查员、农业技术专家、动植物技术专家、生物技师、油管检查员、工商业规划者、矿藏安全检查员、纺织品检验员、照相机修理者、工程技术员、编计算机程序者、工具设计者、仪器维修工。

CRI：簿记员、会计、记时员、铸造机操作工、打字员、按键操作工、复印机操作工。

CRS：仓库保管员、档案管理员、缝纫工、讲述员、收银员。

CRE：标价员、实验室工作者、广告管理员、自动打字机操作员、电动机装配工、缝纫机操作工。

CIS：记账员、顾客服务员、报刊发行员、土地测量员、保险公司工作人员。

CIR：校对员、工程职员、海底电报员、检修计划员、发报员。

CSE：接待员、通讯员、电话接线员、售票员、旅馆服务员、私人职员、商学教师、旅游办事员。

CSR：运货代理商、铁路职员、交通检查员、办公室通信员。

CSI：簿记员、出纳员、银行财务职员。

CSA：秘书、图书管理员、办公室办事员。

CER：邮递员、数据员、航空邮件检查员。

CEI：推销员、经济分析家。

CES：银行会计、记账员、秘书、速记员、法院报告人。

ECI：银行行长、审计员、信用管理员、地产管理员、商业管理员。

ECS：信用办事员、保险人员、各类进货员、海关服务经理、售货员、采购员、会计。

ERI：建筑物管理员、工业工程师、农场管理员、护士长、农业经营管理人员。

ERS：仓库管理员、房屋管理员、货栈监督管理员。

ERC：邮政局长、渔船船长、机械操作领班、木工领班、瓦工领班、驾驶员领班。

EIR：科学、技术和有关周期出版物的管理员。

EIC：专利代理人、鉴定人、运输服务检查员、安全检查员、废品收购人员。

EIS：警官、侦察员、交通检验员、安全咨询员、合同管理者。

EAS：法官、律师、公证人。

EAR：展览室管理员、舞台管理员、播音员、驯兽员。

ESC：理发师、裁判员、政府行政管理员、财政管理员、工程管理员、职业病防治、售货员、商业经理、办公室主任、人事负责人、调度员。

ESR：家具售货员、书店售货员、公共汽车的驾驶员、日用品售货员、护士长、自然科学和工程的行政领导。

ESI：博物馆管理员、图书馆管理员、古迹管理员、饮食业经理、地区安全服务管理员、技术服务咨询者、超级市场管理员、零售商品店店员、批发商、出租汽车服务站调度员。

ESA：博物馆馆长、报刊管理员、音乐器材售货员、广告商售画营业员、导游、（轮船或班机上的）事务长、空姐、船员、法官、律师。

ASE：戏剧导演、舞蹈教师、广告撰稿人、报刊专栏作者、记者、演员、英语翻译。

ASI：音乐教师、乐器教师、美术教师、管弦乐指挥、合唱队指挥、歌星、演奏家、哲学家、作家、广告经理、时装模特。

AER：新闻摄影师、电视摄像师、艺术指导、录音指导、丑角演员、魔术师、木偶戏演员、骑士、跳水员。

AEI：音乐指挥、舞台指导、电影导演。

AES：流行歌手、舞蹈演员、电影导演、广播节目主持人、舞蹈教师、口技表演者、喜剧演员、模特。

AIS：画家、剧作家、编辑、评论家、时装艺术大师、新闻摄影师、演员、文学作者。

AIR：建筑师、画家、摄影师、绘图员、环境美化工、雕刻家、包装设计师、陶瓷设计师、绣花工、漫画工。

SEC：社会活动家、退伍军人、服务员、工商会事务代表、教育咨询者、宿舍管理员、旅馆经理、饮食服务管理员。

SER：体育教练、游泳指导。

SEI：大学校长、学院院长、知院行政管理员、历史学家、家政经济学家、职业学校教师、资料员。

SEA：娱乐活动管理员、国外服务办事员、社会服务助理、一般咨询者、宗教教育工作者。

SCE：部长助理、福利机构职员、生产协调人员、环境卫生管理人员、戏院经理、餐馆经理、售票员。

SRI：外科医师助手、医院服务员。

SRE：体育教师、职业病治疗者、体育教练、专业运动员、房管员、儿童家庭教师、警察、引座员、传达员、保姆。

SRC：护理员、护理助理、医院勤杂工、理发师、学校儿童服务人员。

SIA：社会学家、心理咨询师、学校心理学家、政治科学家、大学或学院的系主任、大学或学院的教育学教师、大学农业教师、大学工程和建筑课程的教师、大学法律教师、大学数学、医学、物理、社会科学和生命科学的教师、研究生助教、成人教育教师。

SIE：营养学家、饮食学家、海关检查员、安全检查员、税务稽查员、校长。

SIC：描图员、兽医助手、诊所助理、体检检查员、监督缓刑犯的工作者、娱乐指导者、咨询人员、社会科学教师。

SIR：理疗员、救护队工作队人员、手足病医生、职业病治疗助手。

SAC：理发师、指甲修剪师、包装艺术家、美容师、整容专家、发式设计师。

SAE：听觉病治疗者、演讲矫正者。

SAE：图书馆管理员、小学教师、幼儿无教师、学前儿童教师、中学教师、师范学院教师、盲人的教师、智力障碍人的教师、聋哑人的教师、学校护士、牙科助理、飞行指导员。

附录 B　职业能力倾向对照表

职业类型	职业能力倾向								
	G	V	N	S	P	Q	K	F	M
生物学家	1	1	1	2	2	3	3	2	3
建筑师	1	1	1	1	2	3	3	3	3
测量员	2	2	2	2	2	3	3	3	3
测量辅导员	4	4	4	4	4	4	3	4	3
制图员	2	3	2	2	2	3	2	2	3
建筑和工程技术员	2	2	2	2	2	3	3	3	3
建筑和工程技术专家	2	3	3	3	3	3	3	3	3
物理科学技术家	2	2	2	2	3	3	3	3	3
物理科学技术员	2	3	3	3	2	3	3	3	3
农业、生物、动物、植物学的技术专家	2	2	2	2	3	3	3	3	3
农业、生物、动物、植物学的技术员	2	3	3	3	2	3	3	3	3
数学家和统计学家	1	1	1	3	3	2	4	4	4
系统分析和计算机程序编制者	2	2	2	2	3	3	4	4	4
经济学家	1	1	1	4	4	2	4	4	4
社会学家、人类学者	1	1	2	2	2	3	4	4	4
心理学家	1	1	3	4	4	3	4	4	4
历史学家	1	1	4	3	3	3	4	4	4
哲学家	1	1	3	2	2	3	4	4	4
政治学家	1	1	3	4	4	3	4	4	4
政治经济学家	2	2	2	3	3	3	3	3	5
社会工作者	2	2	3	4	4	3	4	4	4
社会服务助理人员	3	3	3	4	4	3	4	4	4
法官	1	1	3	4	3	3	4	4	4
律师	1	1	3	4	3	4	4	4	4
公证人	2	2	3	4	4	3	4	4	4
图书管理学专家	2	2	3	3	4	2	3	4	4
图书馆、博物馆和档案管理员	3	3	3	2	2	4	3	2	3
职业指导者	2	2	3	4	4	3	4	4	4
大学教师	1	1	3	3	2	3	4	4	4
中学教师	2	2	3	4	3	3	4	4	4
小学和幼儿园教师	2	2	3	3	3	3	3	3	3
职业学校教师（职业课）	2	2	2	3	3	3	3	3	3
职业学校教师（普通课）	2	2	3	4	3	3	4	4	4
内、外、牙科医生	1	1	2	1	2	3	2	2	2
兽医学家	1	1	2	1	2	3	2	2	2

（续）

职业类型	职业能力倾向								
	G	V	N	S	P	Q	K	F	M
护士	2	2	3	3	3	3	3	3	3
护士助手	2	4	4	4	4	2	2	3	2
工业药剂师	2	1	2	3	2	2	3	2	3
医院药剂师	2	2	2	4	5	2	3	2	3
营养学家	2	2	2	3	3	3	4	4	4
配镜师（医）	2	2	2	2	2	3	3	3	3
配眼镜商	3	3	3	3	3	4	3	2	3
放射科技术人员	3	3	3	3	3	3	3	3	3
药物实验室技术专家	2	2	2	3	2	3	3	2	3
药物实验室技术员	2	3	3	3	3	3	3	3	3
画家、雕刻家	2	3	4	2	2	5	2	1	2
产品设计和内部装饰工作者	2	2	3	2	2	4	2	2	3
舞蹈家	2	2	4	3	4	4	4	4	4
演员	2	2	3	4	4	3	4	4	4
电台播音员	2	2	3	2	2	4	2	2	3
作家和编辑	2	1	3	3	3	3	4	4	4
翻译人员	2	1	4	4	4	3	4	4	4
体育教练	2	2	2	4	4	3	4	4	4
运动员	3	3	4	2	3	4	2	2	2
秘书	3	3	3	4	3	2	3	3	3
打字员	3	3	4	4	4	3	3	3	3
会计	3	3	3	4	4	2	3	3	4
出纳	3	3	3	4	4	2	3	3	4
统计员	3	3	2	4	3	2	3	3	4
电话接线员	3	3	4	4	4	3	3	3	3
办公室职员	3	4	3	4	4	3	3	4	4
商业经营管理	2	2	3	4	4	3	4	4	4
售货员	3	3	3	4	4	3	4	4	4
警察	3	3	3	4	3	3	3	4	3
门卫	4	4	5	4	4	4	4	4	4
厨师	4	4	4	4	3	4	3	3	3
招待员	3	3	4	4	4	4	3	4	3
理发员	3	3	4	4	5	4	2	2	2
导游	3	3	4	3	3	5	3	3	3
驾驶员	3	3	3	3	3	3	3	4	3
农民	3	4	4	4	4	4	4	4	4
动物饲养员	3	4	4	4	4	4	4	4	4

（续）

职业类型	职业能力倾向								
	G	V	N	S	P	Q	K	F	M
渔民	4	4	4	4	4	5	3	4	3
矿工	3	4	4	3	4	5	3	4	3
纺织工人	4	4	4	4	3	5	3	3	3
机床操作工	3	4	4	3	3	4	3	4	3
锻工	3	4	4	4	3	4	3	4	3
无线电修理工	3	3	3	3	2	4	3	3	3
细木工	3	3	3	3	3	4	3	4	4
家具木工	3	3	3	3	3	4	3	4	3
一般木工	3	4	4	3	4	4	3	4	3
电工	3	3	3	3	3	4	3	3	3
裁缝	3	3	4	3	3	4	3	2	3